बुद्ध और फराओ

बुद्ध और फराओ

दीपक कुमार जायसवाल

वाणी प्रकाशन

प्रकाशन के उत्कृष्टतम 62 वर्ष

सजिल्द प्रथम संस्करण : 2025

vaniprakashan.com

वाणी प्रकाशन

4695, 21-ए, दरियागंज, नयी दिल्ली-110 002

फ़ोन : + 91 11 23273167, 23275710

शाखाएँ

अशोक राजपथ, पटना-800 004, बिहार

कॉफ़ी हाउस कैम्पस, महात्मा गांधी मार्ग, प्रयागराज-211 001, उत्तर प्रदेश

महात्मा गांधी अन्तरराष्ट्रीय हिन्दी विश्वविद्यालय, वर्धा-442 001, महाराष्ट्र

sales@vaniprakashan.in

vaniprakashan@gmail.com

Buddh aur Pharao

by Deepak Kumar Jaiswal

ISBN : 978-93-6944-913-2

Poetry Collection

मूल्य : ₹ **595**

आर. टेक ऑफ़सेट, दिल्ली-110 093 में मुद्रित

वाणी प्रकाशन का लोगो मक़बूल फ़िदा हुसैन की कूची से

माँ की स्मृति को!

In your light I learn how to love.
–Rumi

नास्ति मातृसमा छाया नास्ति मातृसमा गतिः।
नास्ति मातृसमं त्राणं नास्ति मातृसमा प्रिया।।

266.30, शान्तिपर्व
(महाभारत)

कविता की करुणामयी आर्द्र आँखें

इन कविताओं के केन्द्र में वह समय है, जो स्वयं में अनुपस्थित होकर, अपने ही बाहर का ऐसा वृत्त रचता है, जिसके दायरे में वह सब कुछ सिमट आता है, जिसे ठीक आज के समय का कोई भी मनुष्य अपनी सामान्य प्रज्ञा, बोध, संवेदना, अपने दैनिक जीवन के अनुभवों और अब तक अर्जित ज्ञान-विज्ञान के माध्यम से, समझता है।

लेकिन इन कविताओं में स्थगित समय के भीतर और बाहर का वह वृत्त है, जहाँ मिथक टूटते हैं, इतिहास सभ्यता की गुफाओं में दाख़िल होकर नया अर्थ हासिल करता है और युवा कवि दीपक जायसवाल की इन कविताओं को पढ़ते हुए पाठक अपनी सामान्य चेतना की किसी गहरी नींद से अचानक जाग जाता है।

'किसी भगीरथ ने नहीं, ये पेड़ ही थे, जिन्होंने एक पैर पर बरसों-बरस तपस्या की / इस धरती के लिए, हमारे लिए, पानी के लिए / जहाँ वे नहीं हैं, धरती आज भी बंजर है।'

'हारी-थकी-भूखी आत्माओं को भी, पुष्पोदका किनारे कुछ पहर विश्राम मिलेगा? मिलेगा खाने को पिंडदान? आत्मा भी उतनी ही भूखी रहती है, जितनी कि देह?'

'इन्सान ने देवता बनाया-माना, पर उन्हें तुम बनाये रखते हो सुरुज देव, और मेरी माँ के ताम्बे का लोटे भर पानी।' धार्मिक आस्थाओं के कोहरे और विभ्रमों में क़ैद नैसर्गिक चेतना को मातृत्व का यह वत्सल 'लोटे भर पानी' मुक्ति का प्राणरक्षक 'एंटीडॉट' है।

दीपक की यह वैयक्तिक विशिष्टता इस संग्रह की लम्बी कविता 'बुद्ध और फराओ' में अपनी सम्पूर्ण प्रखरता, काव्यात्मक तार्किकता और वैचारिक स्पष्टता के साथ उपस्थित है। यही संग्रह का शीर्षक है। ईसा से हज़ारों वर्ष पूर्व के मिस्र के शासकों से जुड़े मिथेतिहास की निर्ममता, अन्धास्था, निरंकुश अमानवीयता के बरअक्स यह कविता तथागत बुद्ध की करुणा, आधिभौतिक आत्म-चेतना, अहिंसा

और दिक्-काल के प्रति तार्किक दृष्टिकोण को खड़ा करती है और सामाजिक-मानवीय व्यवस्था-प्रबन्धन के उन दो ध्रुवों को पूरी स्पष्टता के साथ उजागर करती है, जिसका बोध हमारे समय में सबसे अधिक प्रासंगिक और अनिवार्य है। हज़ारों वर्ष पूर्व के मिथकों के ताबूतों के भीतर छिपे मानवीय इतिहास के शवों का पोस्टमार्टम करती हुई यह कविता संक्रान्त-संकटों में घिरी समकालीन मानव-सभ्यता के मनोजगत को दो प्रतिलोम और विरोधाभासी ध्रुवान्तों में बाँट देती है। एक ध्रुव यह है, जहाँ :

'फराओ ख़ुद को देवता घोषित करते रहे, वे इतने शक्तिशाली थे कि लाखों ग़ुलामों की गर्दन उनके पैरों तले रहती थी, जीने की भूख इतनी बढ़ती गयी, प्यास इतनी गहरी होती गयी कि उनकी असीम तृष्णा ने बच्चों तक का ख़ून चखा / उनकी अंतड़ियों में दाँत उग आये थे... / देवता सिर्फ़ उनके थे, मन्दिर सिर्फ़ उनका था, अपनी आत्मा की अमरता की कामना में वे प्रेम में डूबी स्त्रियों को जिन्दा जलवा देते / व्यभिचार में आकंठ डूबे महान फराओ...'

और दूसरा ध्रुवांत–

'सिद्धार्थ की आँखें डबडबा आयी थीं, कषाय धारण करते हुए सिद्धार्थ, कषाय को कस के बाँधे जा रहे थे/ उसने वीणा के तारों को कसा, उसके मेरुदंड वीणा के तार हो गये, उसे लगा पाताल की गहराइयों से भी गहरी जगह उसका मन है / ज्यों-ज्यों गहरे उतरा, सेमल का फूल होता गया, बादल होता गया, उसकी चेतना ब्रह्माण्ड के हर तारे-गृह-उल्कापिंड का गुरुत्व महसूस कर सकती थी / उसकी धमनियों-शिराओं में दुनिया का दुःख-दर्द भरने-उतरने लगा...कराह उठे बुद्ध अनन्त हृदयों की पीड़ा से...! सिद्धार्थ संन्यासी हो गये, आकाशगंगाओं के असंख्य तारों का प्रकाश भरने लगा सिद्धार्थ में, सिद्धार्थ हो गये तथागत, हुए बोधिसत्व / दुनिया की सारी नदियाँ बोधिसत्व को जानती थीं। वे उनके समीप इतनी सहज थीं कि बता सकती थीं उनके हृदय से अपने हृदय का एक-एक दुःख / जिन्दा रहे बुद्ध, अमर रहीं उनकी अर्धनिमीलित करुणामयी आर्द्र आँखें...!'

लेकिन इस संग्रह में और भी बहुत कुछ है, जिसमें संवेदनशील और सम्भावनाशील युवा कवि दीपक जायसवाल की अपने सम्बन्धों के प्रति कोमल-कृतज्ञ, भावनात्मक संवेदनाओं का प्रमाण मिलता है। इसमें नानी की जादुई सन्दूक है, बाबूजी हैं, जिनकी प्रेमचन्द जैसी मूँछ लमही के रघु नाई ने बनायी थी, भाग्य की तरह खुरदुरा और सख़्त उनका चेहरा, एटलस साइकिल पर छपे ग्रीक देवता की तरह पूरी पृथ्वी को कन्धे पर टिकाये बाबूजी बुद्ध के साथ महायान में चप्पू

चलाते थे... 'जाने वह क्या चीज़ थी, जो नानी को उनकी अम्मा ने अपनी सन्दूक से निकालकर दिया, फिर नानी ने अम्मा को दिया, अब मेरी अम्मा मेरी बहनों को देती हैं...!' इस संग्रह में केदार जी के नूर मियाँ हैं, हशमत हैं, नाज़िम अली चाचा और उम्मत चाची के साथ एक भरी-पूरी गलियाँ और घर-परिवार है।

आशा है दीपक की ये कविताएँ देश और दुनिया के तमाम अंतरे-अँधेरे कोनों में उजालों की अपनी किरणें बिखेरेंगी और समय के भीतर-बाहर को निर्भय ज्ञानात्मक संवेदना के साथ पाठकों के सामने उजागर करेंगी।

शुभकामनाओं के साथ

–उदय प्रकाश

अनुक्रम

लूनी नदी

अमूमन नदियाँ समन्दर में जाकर मिल जाती हैं–
पूर्णता को धारण करते हुए
एक सुन्दर जीवन जीते हुए।

लेकिन कुछ नदियों को धरती सोख लेती है
या कोई रेगिस्तान उन्हें निगल जाता है।
एक उम्र तलक अपनी हड्डियाँ गलाने के बावजूद
ढेरों-ढेर लोग
एक सुन्दर जीवन से कहीं बहुत दूर
गुमनाम मर जाते हैं
कोई समन्दर उनका
इन्तज़ार नहीं कर रहा होता।

(2018)

हम अपने घोंसलों में चाँद रखते हैं

चाँद हर बार सफ़ेद नहीं दिखता
उनींदी आँखों से बहुत बार वह लाल दिखता है

मेरे दादा जब बहुत देर रात धान काटकर आते,
उनका हँसिया चाँद की तरह दिखता।
बहुत बार दादा का पेट इतना पिचका होता कि
उनकी दोनों तरफ़ की पसलियाँ
चाँद की तरह दिखतीं।

मेरी माँ की लोरियों में चाँद
अक्सर रोटी के पीछे-पीछे आता
और बहुत बार आधी पड़ी रोटी
चाँद की तरह दिखती।

ठीक-ठीक याद नहीं शायद,
मेरे दादा जैसे-जैसे बूढ़े होते गये
उनकी कमर चाँद की तरफ़ नहीं
ज़मीन की तरफ़ झुक आयी
लेकिन अर्थी पर सोये दादा
हूबहू चाँद की तरह दिखे।

लोग कहते हैं उस रोज़
खेतों में धान की बालियाँ

थोड़ी-थोड़ी-सी आसमान की तरफ़ नहीं
ज़मीन की ओर झुक आयीं।

(2017)

वैतरणी नदी

लदी रहीं ज़िम्मेदारियाँ
दबा रहा काम के बोझ तले
जीवन भर यह तन।
जलती ही रही जठराग्नि,
दाने-दाने को तरसता रहा मन
दान कहाँ से होता यमराज?
पुण्य तो बटोर ले गये
सामन्त-पुरोहित-महन्त-महाजन-महाराज!

बाप-दादाओं ने बताया था
नदियाँ माँ होती हैं।
देखा-सुना-गुना इस जीवन में
तारती रहीं हमें
हमारी नसों में जो ख़ून बचा
सब उसी का तो है।

मृतप्राय-अधेड़-अर्द्धनग्न देह को
खाट से उतार
धरती पर कुश बिछा
तुम कौन सी पोथी-पतरा
बाँचते हो पण्डित?
जीते जी तरसते रहे
खाने को दूध-भात

कहाँ से करेंगे तुम्हें
सोना-चाँदी, भूमि-अन्न
कपड़ा-गुड़-घी-नून-तेल
गैया-बछड़ा दस दान?

अच्छा बताओ तुम्हारी पोथी
क्या कहती है?
जीवन-भर
हारी-थकी-भूखी आत्माओं को भी
पुष्पोदका किनारे कुछ पहर विश्राम मिलेगा?
मिलेगा खाने को पिण्डदान?
आत्मा भी उतनी ही रहती है भूखी-प्यासी
जितनी कि देह?

गैया की पूँछ पकड़
जब आत्माएँ पार करेंगी
ख़ून से उफनती नदी,
पाप-पुण्य का हिसाब करेंगे यम,
मेरी आत्मा को झेलना होगा उतना ही दुःख
जितनी कि जीते-जी झेली थी मेरी देह?
मेरे पुरखे?

आत्मा को होता है दुःख?
ईश्वर को भी होता होगा दुःख?
मेरे पुरखों को जिन्होंने यातनाएँ दीं
उनका भी हिसाब की थी वैतरणी नदी-यम?
तुम्हारा पतरा क्या बाँचता है पण्डित?

(2018)

भूख

भूख के मरते ही मर जाता है आदमी
बहुत भूख से भी मर जाता है आदमी।

मरता तो तब भी है
जब वह सिर्फ़ अपने लिए जीने लगता है।
जब दुनिया में कहीं कोई आदमी भूख से मरता है
उस समय हर वह आदमी जिसकी आँख में पानी मरा नहीं,
थोड़ा-सा मर जाता है।

मरने को तो मर गया सिकन्दर भी, हिटलर भी
गांधी भी, नार्मन बरलॉग भी, टॉलस्टाय भी, मर्लिन मुनरो
और आर्केस्ट्रा वाली मुनिया भी
पर इनकी भूख में अन्तर था
मरने में अन्तर था।

तय है कि हम सब मरेंगे
मर जायेगा जेम्स बॉण्ड भी
हम इस नियति को बदल नहीं सकते
पर हम तय ज़रूर कर सकते हैं
मरने के तरीक़े को
कि कौन-सी भूख हमें ताउम्र घसीटे ले चलेगी।

बहुत ख़ुशक़िस्मत हैं जो आप पढ़ सकते हैं

सोच सकते हैं और तय कर सकते हैं
अपनी पसन्द की भूख को।
जानते हैं अन्तड़ियों के सूखते हुए मरना कैसा होता है?
अपने बच्चे को अपनी गोद में भूख से मरते हुए देखना कैसा होता है?
कभी सोचते हैं इनकी ज़िम्मेदारी किन पर है?

(2015)

बुद्ध और फराओ

मिस्र के फराओ
अपने ऐश्वर्य को बनाये रखने के लिए
मृत्यु के बाद की
दुनिया के लिए भी
सोना-चाँदी अपनी क़ब्रों में साथ ले गये।
दफ़नाये गये हज़ारों-हज़ार ग़ुलाम
जीते-जी
कि राजा जब अपनी क़ब्र में हो
कि जब कभी इक रोज़
फिर जी उठे तो
उसके पैर धूल-धूसरित न हों।

ईसा पूर्व में ही
कपिलवस्तु में भी एक राजा का राजपाट था।
इक रोज़ अकूत धन, राजपाट भरी जवानी में छोड़
वह साधु हो गया।
बरसों-बरस भूखा-प्यासा भटकता रहा
इस आस में कि
दुनिया के लिए वह इक रोज़
मुक्ति का रास्ता खोज निकालेगा।
कन्दराओं, गुफा-गेहों, नदी-पहाड़ों
जंगल-आश्रम-मठों में धूल फाँकता रहा।
हर एक ज्ञान के सोते में

उसने अपने चक्षु डुबोये
कि इक रोज़ दुनिया के अनन्त हृदयों के
असीम दुःख-पीड़ाओं को
वह हर लेगा।

उसने वीणा के तारों को कसा।
उसके मेरुदण्ड
वीणा के तार हो गये।
पीपल के पेड़ के नीचे तप में बैठा सिद्धार्थ
उसकी सोरों के साथ पाताल गया,
शाखाओं फुनगियों के साथ आसमान।
वह महान देवताओं से पूछना चाहता था
दुनिया आपके रहते इतनी दुखी-
दुखों से भरी क्यों है?
कि महान पिताओं के हृदय किस मिट्टी के बने हैं?
बरसों-बरस देवताओं ने उसे ख़ाली हाथ लौटाया
अन्त में थक-हार
अपनी सोरें-शाखाएँ आसमान-पाताल से समेट
अपने अवचेतन मन में उतरता गया गहरे और गहरे।
उसे लगा पाताल की गहराइयों से भी
गहरी जगह उसका मन है
ज्यों-ज्यों गहरे उतरा सेमल का फूल होता गया
बादल होता गया
ख़ुद को ख़ाली करता गया।
उसकी चेतना ब्रह्माण्ड के हर
तारे ग्रह-उल्कापिंड का गुरुत्व
महसूस कर सकती थी
उसने अपना शरीर उन्हें सौंप दिया
सारा भार तज दिया
उसे लगा कि उसके भीतर

किसी दीये की रोशनी छन रही है,
हल्की बारिश हो रही है,
छींटे उसके भीतर तक पहुँच रहे हैं
पीपल के पत्तों की ही तरह थोड़ी-सी भी
हवा से हिल जाने वाला उसका मन
धीर-गम्भीर-शान्त पर्वत हो चला है
वह हाथी-बरगद-चींटी-तेंदुआ-मछली
सबकी चेतना के अविच्छिन्न प्रवाह में उतर सकता है
कि उसकी धमनी-शिराओं में
दुनिया का सारा दु:ख-दर्द भरने-उतरने लगा
कराह उठे बुद्ध अनन्त हृदयों की पीड़ा से।

मिस्त्र के फराओ खुफु ने जीते जी
बीस बरस तक
ख़ुद की क़ब्र बनवायी—
गिजा के पिरामिड–
चाबुक से,
हज़ारों-लाखों ग़ुलामों से,
उनके ख़ून से,
बीसों लाख ढाई हाथी वज़नी पत्थरों से।
ये महान पिरामिड ऐसी जगह बनाये गये
कि इन्हें इज़राइल के पहाड़ों से, यहाँ तक कि
सुदूर चाँद की ज़मीन से भी देखा जा सकता था।
पिरामिड के बाहर पाषाण खण्डों को
इतनी कुशलता से तराशा और फिट किया गया
कि जोड़ों में एक ब्लेड भी नहीं घुसाया जा सकता।
सदियों तक बनी रही
दुनिया की इन सबसे ऊँची इमारतों से
फराहो ख़ुद को देवता घोषित करते रहे
नील नदी में अपना वीर्य विसर्जित करते रहे।

वे इतने शक्तिशाली थे कि
लाखों ग़ुलामों की गर्दन उनके पैरों तले रहती थी
लेकिन दयालु राजा इसे दबाते कम थे।
फराओ जब राजपथ पर निकलते
हज़ारों सैनिक साथ चलते
ग़ुलाम घुटनों पर झुक जाते–उनकी आँखें और भी।
दुनिया के सबसे सुन्दर–क़ीमती वस्त्रों को
धारण करने वाले फराओ
निर्वस्त्र ग़ुलामों पर शहद का लेप लगवाते
मधुमक्खियाँ जब टूटतीं उनकी देह पर,
मन्त्रमुग्ध हो उठते महान फराओ।

जीने की भूख इतनी बढ़ती गयी
प्यास इतनी गहरी होती गयी
कि उनकी असीम तृष्णा ने
मासूम बच्चों तक का ख़ून चखा,
उनकी अन्तड़ियों में दाँत उग आये थे।
यदि वे इतना असंयमित भोजन नहीं करते
तो सम्भव था कि वे ख़ुद की बनवायी गयी
सुन्दर-सुडौल मूर्तियों की तरह थोड़ा-बहुत दिखते
इसी देह को बचाये रखने के लिए
फराओ ने अपनी पूरी ताक़त झोंक दी
एक ऐसे लेप की खोज में
जो उनकी लाशों को हज़ारों सालों तक
सड़ने से बचा सके।
अपने अंगों को उन्होंने
दुनिया के सबसे सुन्दर–मज़बूत जारों में रखवाया
ताकि जब पुनर्जन्म हो, वह अपनी देह पा लें
वह अपनी आत्मा की अमरता की कामना में
उसे सूरज की किरणों के साथ

रा और ओसिरिस देवताओं को
सौंप देना चाहते थे
देवता सिर्फ़ उनके थे, मन्दिर सिर्फ़ उनका था।
चेहरे पर नक़ली दाढ़ी चिपका
वे देवत्व को धारण करते थे
हज़ारों-हज़ार पत्नियों के स्वामी
अपनी वासनाओं से कभी अघाते नहीं थे
तुच्छ मार्सुपियल चूहे महान फराओ से
कम-से-कम एक गुण में समानता ज़रूर रखते थे।
प्रेम में डूबी स्त्रियों को ज़िन्दा जलवा देते
व्यभिचार में आकण्ठ डूबे महान फराओ।

सिद्धार्थ की आँखें डबडबा आयी थीं।
कषाय धारण करते हुए सिद्धार्थ
कषाय को कस के बाँधे जा रहे थे।
मन था कि खुला जा रहा था
हृदय था कि भीगा जा रहा था।
कषाय खोल दुबारा बाँधते सिद्धार्थ
आँखों में बाँध बाँधते सिद्धार्थ
आँसू बहा कि संकल्प टूटा!
बूढ़े पिता-राजा थे जिनके कन्धे थक रहे थे
डूबती हुई रोशनी में अपने पुत्र को देखे जा रहे थे
माँ थी जिनका कलेजा छिला जा रहा था
पत्नी थी जिसका हृदय फटा जा रहा था
जिस जतन से माने सिद्धार्थ,
वह जतन करने को तैयार खड़ी थी यशोधरा।
इच्छा थी पाँव पकड़ ले रोये-धोये जाने न दे
लेकिन निस्सहाय अपलक खड़ी थी यशोधरा
पुत्र था जो सिद्धार्थ की उँगलियाँ
अब भी थामे हुए था।

कपिलवस्तु था, जिसके लिए सिद्धार्थ का जाना
बीच समुन्दर में नाव से पतवार का
पानी में अचानक गिर जाना था
तूफ़ान में किसी छाँव देने वाले
भारी दरख़्त का गिरना था
जो अब तक धरती को
अपनी सोरों से पकड़े हुए था
सिद्धार्थ थे कि जो उखड़ने के बावजूद भी
अपनी सोरों में मिट्टी थामे हुए जा रहे थे
सब कुछ छोड़े कहाँ जा रहे थे?
क्यों जा रहे थे सिद्धार्थ?

सिद्धार्थ संन्यासी हो गये
केश काट डाले। जो ज्ञान
इस संसार के दुखों को कम नहीं करता
दया और करुणा नहीं भरता
उसको ढोकर आख़िर क्या करते सिद्धार्थ?
धूप-बारिश-ठण्ड-भूख सहते हुए
दुनिया की सारी पीड़ाओं के उत्तर तलाशते
सिद्धार्थ ने ख़ुद का होना छोड़ दिया
तृष्णाओं को विसर्जित किया
निरंजना नदी में।
उस वक़्त जलवाष्प संघनित हुए
बादल धरती छूने लगे
कमलदल-सीताफल-अरबी-बालसम
के पत्तों पर ठहरी जल-बूँदें
सूरज की रोशनी में
चाँदी-मोती होकर चमक रही थीं।
आकाशगंगाओं के असंख्य तारों
का प्रकाश भरने लगा सिद्धार्थ में

सिद्धार्थ हुए तथागत, हुए बुद्ध-बोधिसत्व
सबके निर्वाण-मंगल के निमित्त।
भंते! कहते ही आँसू फूट पड़े अंगुलिमाल के
घृणा-हिंसा को जयी किया बुद्ध ने
प्रेम-करुणा से।
इस धरती की सारी हवा पानी आग
हिरण-कछुए-जंगल का पत्ता-पत्ता
उनके प्रेम में था।
तथागत की आँखें उनके गुरुत्व में
अर्धनिमीलित हो गयीं
बुद्ध ताउम्र सोखते रहे इस दुनिया का
सारा दुःख-अँधेरा
फैलाते रहे प्रकाश
सिखाते रहे प्रेम-करुणा-दया
शान्ति-संयम-अहिंसा।
दुनिया की सारी नदियाँ
बोधिसत्व को जानती थीं
वह उनके समीप इतनी सहज थीं
कि बता सकती थीं उनके हृदय से
अपने हृदय का एक-एक दुःख।

पुरातत्ववेत्ता अचरज में हैं कि
फराओ ने कैसे बनवाया होगा
इतना बड़ा पिरामिड इतने बरस पहले?
हालाँकि इतने जतन के बाद भी
कोई फराओ नहीं हुए दुबारा ज़िन्दा
ज़िन्दा रहे बुद्ध, अमर रहीं
उनकी अर्धनिमीलित करुणामयी आर्द्र आँखें।

(2019)

बाबूजी

बाबूजी की मूँछ बहुत बार
प्रेमचन्द की तरह लगती है।
कई आलोचक बताते हैं
प्रेमचन्द ने अपनी मूँछ
लमही के रघु नाई से
होरी की तरह कटवाई थी।

बाबूजी के सिर पर बाल
मेरे खेतों में उगी फ़सल
की तरह थे जिसे उम्र ने,
बहुत सी बकरियों ने,
साँझ के समय तमाम सतर्कताओं
के बावजूद
घर लौटते समय
किनारे-किनारे चर लिया था।

बाबूजी का कण्ठ शिव जी
की तरह था जिसमें उन्होंने
ढेर सारा दुःख और दर्द भर रखा था।
भरसक कोशिश करते कि वह इसे छिपाये रखें
मगर धीरे-धीरे वह नीला पड़ता जा रहा था

बाबूजी के कान ब्रह्माण्ड की किसी
जटिलतम गुत्थी की तरह थे जिसको लेकर
दुनिया के सारे महान दार्शनिक
अपनी अपनी व्याख्याएँ कर-करके
एक दिन मर गये थे
लेकिन उनके कानों में पता नहीं
किसकी रोती हुई आवाज़ आती थी
जो सभ्यताओं के विकास से लेकर
अभी तक लगातार चलती आ रही थी
बढ़ती ही जा रही थी।
हालाँकि इस दर्द को पकड़ने के लिए
उनके कान की ढेर सारी कक्षाओं में
वैज्ञानिक लगातार सैटेलाइट
छोड़े जा रहे थे...।

बाबूजी की नाक चिमनियों
की तरह लगती।
दिनभर उनके फेफड़े लोहार चाचा की
धौंकनी की तरह चलते रहते।
डॉक्टर बताते हैं कि दिनभर में
जितना ख़ून बनता
सब उनकी धौंकनी जला देती।

हालाँकि बाबूजी जो कुछ उगाते
उसका ज़्यादातर हिस्सा मुम्बई में बैठे
किसी पूँजीपति के पास चला जाता था
बाबूजी को जीवन भर
यह बात किसी चमत्कार की तरह लगती रही

बाबूजी का चेहरा उनके भाग्य की तरह

खुरदरा और सख़्त था
जब कभी वह अपनी ससुराल जाते,
अपने चेहरे पर अपनी उगाई हुई
सरसों का तेल मलते
उन्हें कभी-कभी शुबहा होता
कि वह अपने कन्धे पर मिरजई
रख लें तो कहीं अमिताबच्चन न लगने लगें!

ख़ैर हमें पता होता कि
उनके ये सारे जतन
हमारी माँ को ख़ुश करने के लिए होते।

बाबूजी की आँखें उनको माँ
से मिली थीं
खेत में जब कोई अंकुर निकलता
उसे वह अपनी माँ की तरह
अपनी नज़रों से सहलाते
बाबूजी कभी रोते नहीं थे
लेकिन एक बार अम्मा ने शिउली के कुछ फूलों को देखकर
अनुमान लगाया था कि उस रोज़ बाबूजी रोये थे

बाबूजी की भौंहें
दुर्वासा माफ़िक़ नहीं थीं
वे बहुत विनम्र थे
इतने विनम्र कि धरती के गुरुत्व
का भी उन्होंने प्रतिरोध नहीं किया।

हालाँकि वे करते तो उनकी ज़िन्दगी
शायद थोड़ी बेहतर होती।

बाबूजी के कन्धे
मुझे एटलस साइकिल पर छपे
किसी ग्रीक देवता की याद दिलाते
जिन्होंने अपने कन्धों पर
पूरी धरती को टिका रखा है

कभी-कभी लगता मास्टर माइंड कुंजी पर छपी
दिमाग़ की तस्वीर हो-न-हो मेरे बाबूजी की ही होगी
हालाँकि उस कुंजी के पास नहीं
मेरे बाबूजी के पास जीवन के पहाड़ पर चढ़ने-उतरने,
अँधेरे से लड़ते रहने के एक सौ एक नियम थे
जिन्हें उन्होंने दन्तकथाओं
से सीख रखा था।

महायान की बड़की नाव हमारे किसी पूर्वज ने बनायी थी
बुद्ध के साथ मेरे बाबूजी भी उस नाव में चप्पू चलाते थे

उनके हाथ दुनिया के सबसे ख़ूबसूरत हाथों में से एक थे
जो सिर्फ़ और सिर्फ़ दुनिया की बेहतरी के लिए उठते थे

बाबूजी शहद खाते थे
और जब बोलते
उनके शब्दों पर कुछ मीठा-मीठा सा चिपका होता
हालाँकि वह नीम का दँतुअन
करते और दाँतों से ही अखरोट तोड़ते थे।

बाबूजी के पैर बरगद की तरह मज़बूत
और गहरे थे, इतने गहरे कि
उनकी सोरें पाताल तक जाती थीं
जहाँ वे देवताओं से कभी-कभी बात करते

और हमें बता देते थे कि कल बारिश होगी
हालाँकि बहुत बार उनके देवता
उनसे झूठ बोल जाते थे।

(2016)

सिर्फ़ एक जूते का दिखना

एक जोड़ी जूते में
सिर्फ़ एक जूते का दिखना
एक त्रासद घटना है

उम्र भर साथ रहने के बाद
पति-पत्नी में से एक का
पीछे रह जाना
रेल की पटरियों में से एक का
उखड़ जाना
उन्मादी युद्ध के बाद
सैनिक का एक पाँव से घर लौटना
किसान के बैलों में से एक का मर जाना
जंगल में अकेले बाघिन का रह जाना—
जीवन में सिर्फ़ दुखों का भर जाना
साँस का अन्दर आना
बाहर न निकल पाना
त्रासद घटना है
सिर्फ़ एक जूते का रह जाना।

लिखिए केदार नूर मियाँ की गुमशुदगी की रिपोर्ट

मुझे अच्छे से याद है
जब मेरे पैरों में मोच आती,
हमारी अम्मा
हमें उम्मत चाची के पास ले जाती।
चाची ज़िन्दादिल थी
छोटे-छोटे पैरों से हर रोज़ कोसों चलती।
उम्मत चाची के पास जादुई हाथ थे
मेडिकल साइंस का 'म' भी नहीं जानने वाली चाची के कानों में
मांसपेशियाँ ख़ुद-ब-ख़ुद अपना दर्द बयाँ कर जाती थीं।
लेकिन चाची के पास कोई भी ऐसा नहीं था
जिसे वह अपनी बिथा कह पातीं।

चाची कभी-कभी रोने लगती थीं
पता नहीं क्यों?
तब मैं बहुत छोटा था।
उनके आदमी बेहद कमज़ोर और बीमार थे।
उनके बसेरे पर रातों-रात क़ब्ज़ा कर लिया गया
रात भर चाची के मरद आख़िरी साँस तक
अपनी मड़ई की लरही पकड़े रहे
चाची पकड़ी रहीं अपने मरद का फटा हुआ सिर!

उनके मरद का ख़ून बहते हुए
पुलिस थाने गया,

कोर्ट कचहरी गया
फिर भी उसका बहना नहीं रुका
अन्त में बहते हुए वह गांधी के ख़ून में जाकर मिल गया।

जब गाँव मैंने छोड़ा, चाची चल नहीं पाती थीं
उनके हाथ से जादू चला गया था।

एक थे नाज़िमअली चाचा
मेरा कपड़ा सिलते थे
उनकी सिलाई-मशीन दिन-रात चलती रहती।
सिलाई-मशीन के धागे को यदि जोड़ा जाता
तो मुमकिन था कि वह चाँद तक पहुँच जाता।
इतनी मेहनत के बाद भी उमरभर चाचा
ज़मीन से पेट दबाकर सोते रहे।
उनके पैर सिलाई मशीन पर इतने सहज हो चुके थे
कि कभी-कभी लगता
चाचा के पैर मशीन के ही पुरजे हों
चाचा जब चलते, तब भी, लगता वह कपड़े सिल रहे हैं।
उनके पैर काँपते रहते
जवानी के दिनों में वह सूई के छेद से
हाथी निकाल सकते थे।
चाचा बूढ़े होते गये कमज़ोर होते गये
चश्मे का नम्बर मोटा होता गया
उनकी आँखें अब अक्सर धोखा दे जातीं
उनका लड़का-दूर परदेस में
चाचा की मड़ई के लिए रोशनी लाने गया था–
कभी नहीं लौटा।

साथ कमाने गये लोग बताते हैं
अन्तिम बार उसके ख़ून को

जहाँ गांधी का ख़ून गिरा था
उस तरफ़ जाते देखा था
लेकिन न जाने क्यूँ चाचा को लगता
कि उनके लड़के का ख़ून गांधी की तरफ़ नहीं गया होगा।
वह गाँव लौटेगा चाचा से मिलने, यार-दोस्तों से मिलने
वह तो गांधी को जानता भी नहीं था।

जब मैं ठीक से बैठना भी नहीं जानता था
तब से हशमत चाचा मेरे बाल काटते थे।
उनके बाल रुई की तरह सफ़ेद थे
वे बच्चों से बहुत प्यार करते थे
और हुलिए से मुझे हमेशा चे ग्वेरा होने से बचा लेते थे
मेरे मन में बड़ा कौतूहल रहता था कि
हशमत चाचा के बाल आख़िर कौन काटता होगा?

मेरे दादा से वे ऐसे मिलते जैसे
बरसों पुराना, बिछड़ा, कोई दोस्त मिला हो
हालाँकि वे लोग हर दूसरे दिन मिलते

वे अपने परिवार में अकेले थे।
हमेशा हँसते रहते थे
लेकिन जब कोसों दूर कहीं कोई दंगा होता
उनकी आँखें बड़ी उदास हो जाती थीं
चेहरा बहुत भारी हो जाता
वो लोगों से फिर कम बोलने लगते।
बाबा से मिलकर
अपने किसी छोटे भाई नूर को याद कर बहुत रोते थे
बूढ़े हशमत मियाँ।

(2014)

चरैवेति

जब दुनिया तालाब होने लगी,
आसमानी देवताओं ने
धरती पर घोड़ों को उतारा।
फूलों को बनाया
चिड़ियाँ को पंख दिये
उदासी वसन्त को निगल न जाये
ताकि नदियाँ बहती रहें
ताकि मृत्यु नसों में थक्के के रूप में
जम न जाये
धरती धड़कती रहे।

ताकि पर्वतों की ऊँचाई
क्षितिज की दूरी
दुर्ग की दीवारें
इन्सानी साहस से कभी बड़ी न हों।
ताकि यह विश्वास बना रहे कि
चलते रहने से ग्रहों की दूरी
पाटी जा सकती है।

(2013)

गैस-चैम्बर

मृत्यु आँकड़ों की शक्ल में आये
कितना वीभत्स है यह!
नाज़ियों ने बनाये इसके लिए
गैस-चैम्बर

पूँजीवादियों ने बनाये
बाज़ार।

(2014)

ये पेड़ ही थे

किसी भगीरथ ने नहीं
ये पेड़ ही थे
जिन्होंने एक पैर पर बरसों-बरस तपस्या की
इस धरती के लिए
हमारे लिए
पानी के लिए।
जहाँ वे नहीं हैं धरती आज भी बंजर है।

जब हमारी अनन्त भूख
एक दिन आख़िरी पेड़ भी निगल जायेगी
उस दिन धरती हो जायेगी बाँझ
बादल गर्भ गिरा देंगे
रेत का कफ़न ओढ़े धरती
उस दिन अन्तिम बार धड़केगी

सौर-मण्डल के ग्रह थोड़ा और झुक जायेंगे
ब्रह्माण्ड का सीना थोड़ा और सिकुड़ जायेगा
और चाँद के साथ हमारे पूर्वजों की आत्माएँ बैठकर
बहायेंगी नौ नौ आँसू।

(2015)

लिया उमा ने शिव का हस्त थाम

जब धरती ने नदी के हाथ थामे
हाथों को लगा कोई पुच्छल तारा
उसने पकड़ लिया हो
किसी टूटते तारे ने बुझने से पहले
अपना हृदय हमारी आँखों को सौंप दिया हो

हो-न-हो धूल-धुएँ से ब्रह्माण्ड का सृजन,
किसी सागर की जगह
हिमालय जैसे पर्वतों का उत्थान,
समुन्दर के पानी का आसमान तक पहुँच जाना
बंजर माटी का सुन्दर गुलाब, गुड़हल, गुलदाउदी
बन जाना या अमरूद-आम-लीची हो जाना
या किसी रोज़ धरती पर रेंग के चलने वाले
किसी जीव का चिड़िया बन जाना
हो-न-हो, इसी तरह से हुआ होगा।

(2015)

माट साहब

माटी की मूरतों में
प्राण भरते थे माट साहब
चाक पर सभ्यता गढ़ते थे माट साहब।

माट साहब के फटे कुर्ते की जेब में
दो रंगों की कूचियाँ होतीं–
आँखों में भरते एक से आसमान
दूजे से सिखाते धरती पर चलना।

हमारे काँपते, लरजते, नाज़ुक हाथों में
पहले-पहल अक्षर थमाते थे माट साहब
फिर उनके ऊपर एक डंडी डाल
अक्षरों को साथ रहना सिखाते
शब्द-अर्थ-दुनियाभर के जादू
समझाते-समझाते कभी-कभी
रोने लगते मोटी ऐनक, पैनी आँखों,
उजले बालों वाले माट साहब।
हमारे पुरखे, शब्द, पत्थर, नदियाँ
फूल, धरती, जुगनू-तारे
उनके ऊँचा सुनने वाले कानों में
जाने कौन-कौन से
गहरे-गहरे राज़ ख़ुद के कह जाते।

चिड़ियाँ का चन्द्रबिन्दु जब हमसे छूट जाता
हमें लम्बी डाँट पिलाते बूढ़े, सख़्त माट साहब
कि हमने उस चिड़ियाँ के पंख तोड़ दिये हों
गला मरोड़ दिया हो
या फिर अचानक कूद गये हों
मेसोपोटामिया से लायी उनकी चाक से।

हमारी आँखों को सपने देखना
उँगलियों को ख़्वाब बुनना
पैरों को सलामती से काँटों भरे रास्तों से भी
निकल जाने के गुन सिखाये
तजुर्बेकार बूढ़े माट साहब।

माट साहब हमारी नदी थे
नदियाँ अपनी लम्बी यात्राओं के दौरान
बहुत बारीक़-बारीक़ कणों को जमाकर
उपजाऊ ज़मीन बनाती हैं।
माट साहब ताउम्र जुटाई तजुर्बों की
थाती सौंप गये इक दिन हमें।
सौंपी गयी वसीयतें यों थीं–
कि कठिन से कठिन दौर में
चाहे कुछ भी न बचे तुम्हारे पास
धीरज और प्रेम बचाये रखना,
कि इस दुनिया में ईश्वर ने कुछ भी
अकारथ नहीं बनाया
कि आसमाँ तुम्हारे हौसलों से ऊँचा नहीं है
और यह भी कि याद रखना–
अन्ततः
यह तुम्हारा शरीर किराये का है।

(2016)

अपशकुन

रात को जब
सियारों की हुँआ-हुँआ
बच्चों के सपनों तक पहुँचती है
वे रोने लगते हैं।
बकरियाँ डर जाती हैं
लोगों का कहना है
भूत-प्रेतों की शक्तियाँ
अँधेरे की ताक़त
सत्ता की भूख
पाताली कुएँ की गहराई
हत्यारों के ख़ंजर की धार
इसी पहर कई गुना बढ़ने लगती है।

मैं जब छोटा था
बचने के लिए अक्सर चद्दर में
अपना सर डाल लिया करता था
इसके बावजूद कि मैं शुतुरमुर्गों को
पसन्द नहीं करता था।
जब वे गाँव में आते, कुत्ते भौंकने लगते
हम हर सुबह सुनते
कोई बकरी ग़ायब हो गयी है
कि लोरियाँ नहीं बचा पायीं
बच्चों की नींद।

मुझे भ्रम है कि
सचाई?
कुत्तों की आवाज़ सियारों से
मेल खाने लगी है।
किंवदन्ती है कुत्तों का रोना
और भारी अपशकुन होता है।

(2017)

युद्ध का मैदान

वे सारे महान लोग
जो हमें याद हैं
उन्होंने इक रोज़ अपनी
पूरी ऊर्जा समेटी
और कूद पड़े
अथाह-असीम समंदर में।

उनका समंदर उनके अन्दर था
वे युद्ध में थे
वे ख़ुद से लड़ते रहे
ख़ुद को पाने के लिए

निर्वाण नहीं है
किसी कलिंग के मैदान में।

(2019)

बसन्त

तुम आ गये बसन्त!
कितने हल्के क़दमों से
बच्चों के माफ़िक़ हँसते हुए–
निश्छल हँसी।
कितने नाज़ुक हाथों से
छूते हुए हर चीज़
कि लग जाये न खरोंच
कहीं किसी को।

लुटा रहे हो ख़ुद को
कि कहीं के आशिक़ ठहरे,
कि तुम्हारा इज़हार
स्वीकार कर लिया गया हो
और तुम पागल हुए जा रहे हो
नौसिखिए आशिक़ की तरह,
कि धड़कनें बढ़ गयी हों तुम्हारी
साँसों की आवाजाही से भी–
कहीं कोई बच्चा जग न जाये।
कि एक-दूसरे के सपनों में डूब रहा
कोई जोड़ा चिहुँक कर उठ न जाये!
ख़ुद को हल्के क़दमों से
बढ़ाये चले आ रहे हो बसन्त
कि जैसे गाती हो

कोयल-कण्ठ से गाने।
आ रही हो सूख गयी दूब में हरी-हरी
अरुई के पत्ते पर ओस
चिरई के अलसाये बच्चों
को चूमने आती हो भिनसारे की धूप।

यह करतब कैसे कर लेते हो?
हर बार प्रेम
नौसिखिए आशिक़ की तरह।

(2013)

हमको दिया परदेस बाबुल मोरे

मेरी बहन की जब शादी हो रही थी
वह बाबूजी की आँखें ताक रही थी
बहुत दु:खी थी, इतनी दु:खी कि
उसे धरती फटती हुई नज़र आ रही थी।
वह माँ-बाबूजी-गैया-घर की दीवारों को
अपनी पूरे जान-ज़ोर से
पकड़े रहना चाहती थी।

ससुराल जाना वह कभी नहीं चाहती थी
उसके पिता का घर उसका ही तो था इससे उसे कौन निकालता?
कोई मार्क्स थे जिनका वह ज़िक्र करती
सिमोन, बेट्टी फ्राइडन का भी।
वह ढेर सारे मज़बूत तर्क खोज लेना चाहती थी
ताकि वह लोगों को समझा सके
लड़कियाँ घास-फूँस नहीं
न ही परायी धन-पूँजी हैं
न खुली तिजोरी या अलमारी
न ही वह कभी बनेगी बाबूजी के माथे का बोझ।
आधी उमर जिस घर में रही
जिस माँ का आँचल, बाबूजी के हाथ थामे रही
उनको छोड़ भला वह क्यूँ जाये परदेस,
एक अजनबी आदमी के साथ फिर दुनिया बसाने?
कि ऐसे रीति-रिवाज़ में आग लगे, ओले पड़ें

दीमक लगे, बजर गिरे!
हर बार सीता को ही आख़िर क्यों
छोड़नी होती है जनकपुरी?

कितने कठकरेज थे पुरखे
देवी-मूर्तियों को बहुत जतन से बनाते-पूजते
फिर इक रोज़ नदी को सौंप आते।
वह दुनिया की सारी जंजीरों को पिघलाकर
रेल की पटरियाँ, जहाज़ के डैने
या क़लम बना देना चाहती थी।
समंदर का पानी आसमान में जाकर
बादल बन जाता है
वह इक रोज़ चिड़िया हो जाना चाहती थी
समंदर का पानी
ग्लेशियरों की ओर मोड़ देना चाहती थी।

वह बाउजी से ज़िद करती
कि उसे न ब्याहें परदेस
वह बड़ी होकर उनके बुढ़ापे की लाठी बनेगी
सारे तीरथ करायेगी
वह उनकी पगड़ी बनेगी।
बाबूजी से जब कुछ नहीं बोला जाता
दीदी की आँखें डबडबा जातीं
मार्क्स, सिमोन सब धुँधले दिखने लगते।
उनकी किताबें दीदी
बाबूजी को सौंप गयी इक रोज़।

अपनी शादी के बहुत दिनों बाद तक दीदी
मुझको हिदायत देती रही
कि मेरे सामानों को हाथ नहीं लगाना

फिर उसकी आवाज़ नरम होती गयी–
उनकी देखभाल करने की विनती करती।
इक रोज़ जाने क्या मन में आया
कि दीदी फ़ोन पर बोली
भैया तू मेरे सारे सामान ले ले, अब वे तेरे हैं।
जिन चीज़ों को छूने पर वह घण्टों
मुझसे बहस किया करती–लड़ती थी
आज वह सब मेरे हो गये थे। उसका कमरा
उसकी साइकिल, माँ-बाबूजी सब कुछ।

(2013)

जन्म और मृत्यु

हम हर वक़्त रिसते रहते हैं
जैसे रिसता है रक्त
जैसे रिसती है नदी
जैसे रिसती है रेत

हमारे भीतर हर क्षण
कुछ भरता रहता है
जैसे भरता है समंदर
जैसे भरता है घाव
जैसे आँखों में भरता है आँसू
जैसे बादल में भरता हो पानी
जैसे फ़सल भरती हो दाने
जैसे ट्रेन भरती है पैसेंजर

हाँ यह सच है
हम वक़्त के साथ पीले होते जायेंगे
जैसे हर पतझर में हो जाते हैं पत्ते।
हम डबडबायी आँखों से बह जायेंगे
जैसे बहता है आँसू।
हम पकने के बाद
काट लिए जायेंगे
और ट्रेन हमें न चाहते हुए भी उतार देगी
अगले यात्रियों के लिए।

मृत्यु को
हम भले न जीत सकते हों
पर जन्म और मृत्यु
के बीच जो जीवन है
उसे एक फूल-एक पेड़
संगीत, लय, विचार,
रोशनी
एक उम्मीद
बनकर
जी सकते हैं।

(2014)

माँ

तमाम खामियों के बावजूद ईश्वर
माँ की छवि में
सुंदरतम रूप में मेरे सामने रहे।

उसने अनंत ब्रह्मांड बनाये
और चाहा
उनकी भी कोई माँ हो।

माँ और सुरुज देव

सृष्टि के हर जीवन में समाये सूर्य!
मेरे पिता ख़ुद का रोम-रोम
तुम्हारा क़र्ज़दार मानते हैं।
घोर आस्तिक मेरी माँ की आँखें
तुम्हें कभी तारे की तरह नहीं देख पायीं
तुम देव थे
तुम्हें रोज़ सुबह अर्घ्य देते वक़्त
माथे का पल्लू थोड़ा खींच लेती थीं।

दुनिया की सारी ख़ूबसूरती
हरियाली, रंग, ख़ुशबू
कहाँ से आती है?
कहाँ से आता है
चिड़िया, फूल, नदी, गिलहरी
गदहे और आदमी में जीवन?

मेरे बचपन के हर प्रश्न का उत्तर
करोड़ों मील दूर किसी तारे के
विखण्डन-संलयन-विखण्डन
और विस्फोट में छिपा था।
मेरे आँगन में विज्ञान
माँ की आस्था के पीछे-पीछे
माँ का पल्लू पकड़कर आया था।

इन्सान ने देवता बनाया–माना
पर उन्हें बनाये रखे हो तुम सुरुज देव
और मेरी माँ के ताँबे का लोटा भर पानी।

(2015)

पुरखों के घर

चारदीवारी और इक छत
से ही नहीं बन जाता घर
धड़कते हुए हृदयों से बनता है।
जिनकी शिराएँ-धमनियाँ नसों की तरह
उन दीवारों में फैली रहती हैं
हर इक कोना स्मृतियों का समंदर सँजोये रहता है।
पुरखों के संघर्ष, आँसू, दर्द, ख़ुशी सबके निशान
दुनिया की सबसे सुन्दर लेकिन अदृश्य लिपि में
उन दीवारों में शिलालेख की तरह टंकित होते हैं।

मरने के बाद भी माँ जीवित बनी रहती हैं
किसी कमरे से आवाज़ देते हुए
जैसे चली आ रही हों
"बाबू कहाँ हो?"
बाबूजी की गम्भीर आँखें
अब भी नज़रें गड़ाये रहती हैं।
यदि कोई दीवारों को ध्यान से सुने तो
दादी को सोहर गाते हुए,
माँ को गौना का गीत गाते हुए सुन सकता है।

लोग बड़े हो जाते हैं
लेकिन उनके बकैयाँ खींचने वाले पंजे,
घुटनों के निशान आँगन में बने रहते हैं।

किसी झूठे आदमी ने कह रखा है
स्वर्ग ऊपर कहीं आसमान में है
घर ही वह जगह है
जहाँ रहते हैं जीवित देवता मौजूद।
वह अपनी देह के साथ अमर नहीं होते।
जब भी कोई देवता छोड़ता है देह
घर की दीवारों में सीलन भर उठती है।
ब्रह्माण्ड का यही वह आख़िरी सिरा है
जहाँ से अपनी देह में बह रहे ख़ून की
दिशा जान सकते हैं
अपने हृदय पर पड़ने वाले गुरुत्व का ठीक-ठीक
अनुमान लगा सकते हैं।
पुरखे घर की नींव में ख़्वाब बोते हैं
सींचते हुए ख़ून-पसीना
जिसकी सोरें बढ़ते हुए पाताल तक जाती हैं
और उनकी फुनगियाँ, पत्ते
डालियाँ-कलियाँ-फूल-आसमान तक।

(2012)

जब माँएँ नहीं होतीं

(आलोकधन्वा से)

जिन बच्चों की माँएँ नहीं होतीं
उनकी रेलगाड़ियाँ कहाँ जाती हैं?
धड़धड़ाती हुई
सीटी बजाती हुई
धुआँ उड़ाती हुई
उनके इन्तज़ार में शिद्दत से बिछी आँखों को
फिर वे कहाँ खोजने जाते हैं?

आँचल का वह सिरा
उन हाथों का स्पर्श
उस अनन्त नि:स्वार्थ प्रेम के बिना
वे कैसे जीते हैं?
यह जानते हुए भी कि इस दुनिया में
उनसे सबसे ज़्यादा प्यार करने वाली आँखें नहीं रहीं
और दुनिया का सबसे कोमल हृदय
उनके लिए अब और नहीं धड़केगा।
जीवन भर
पहाड़-खाई-धूप-बारिश-ठण्ड झेलते हुए
जब जोड़े का एक बैल
अचानक किसी रोज़
आख़िरी बार आँख भर कर देखता है

और ऐसी जगह की यात्रा पर अकेला चल देता है
जहाँ हाँक भी नहीं पहुँचेगी
न फिर कभी लाख चाहतों के बाद भी
हो पायेगा एक-दूसरे की हथेलियों का स्पर्श,
उन आख़िरी पलों की पीड़ा
इनकी आत्माएँ कैसे सहती होंगी?
जिन बेटियों की माँएँ नहीं होतीं
वे किन कन्धों पर सिर रखकर रोती हैं
उनका घर, आँगन, मायका
कहाँ होता है फिर?

(2018)

पाब्लो नेरुदा की छत से

एक कवि जिसकी कविता चुम्बक की तरह है।

जब कवियों की मैं छतें टाप रहा था
नेरुदा की छत पर मेरी आत्मा ठहर गयी
जैसे मेरी धड़कन ठहर गयी थी
एक हिरणी के प्रेम में।

उस वक़्त तुम्हारी कविताओं ने
पीछे से मुझे धक्का दिया
मैंने उसके समीप–बिल्कुल समीप–महसूसा
कि उसकी गर्म साँसों से ही घूम रही है पृथ्वी।
उसके पैरों से प्यार करने को कहा तुमने
मेरे लिए वे चले हैं आग पर
हवा में, पानी पर।

मेरी रक्त कणिकाओं में घुल गयी
तुम्हारी कविताओं ने मेरी आत्मा से
बस एक आख़िरी बात कही–
यदि मरने से पहले तुम कुछ न बचा सको
तो यह याद रखना मेरे बच्चे
कम-से-कम बचे रहना
सबके लिए।

रेहाना जब्बारी को याद करते हुए

रेहाना रोयी-धोयी नहीं
उसने आँसू नहीं बहाये
उसने अपनी ज़िन्दगी के लिए
किसी से भीख नहीं माँगी
ज़िन्दगी भर अपनी माँ की तरह ही
भद्र महिला बने रहने की कोशिश की
उसने अन्त तक इस धरती के लोगों
और यहाँ के क़ानून पर विश्वास किया।
उसका फाँसी पर लटकाया जाना हम सबकी हार थी
उन सारी सभ्यताओं की हार थी जो दावा करते हैं कि
वे इन्सानियत, समानता और न्याय के साथ खड़े हैं।

रेहाना इस घटना से पहले
एक इंटीरियर डेकोरेटर थी
उसकी आँखें इस दुनिया को
और बेहतर बनाने के सपने बुनती थीं।
वह अपने हाथों से दुनिया को
और ख़ूबसूरत बना देना चाहती थी
लेकिन महज़ उन्नीस साल की उम्र में उसे जेल
और छब्बीस साल की उम्र में फाँसी दे दी गयी।

उसका अपराध बस इतना था कि
बलात्कार के समय

जब उसकी देह नोची जा रही थी
उसकी आत्मा को ज़ख़्मी किया जा रहा था
रोने-गिड़गिड़ाने, निढाल पड़ जाने
ख़ुद को हब्शी भेड़िए को सौंप देने के बजाय
उसने प्रतिरोध का रास्ता अख़्तियार किया
पूरी जान झोंक उस बलात्कारी भेड़िए से
पूरी हिम्मत से आत्मरक्षा के लिए लड़ती रही
फिर हुआ यह कि
वह नृशंस भेड़िया रेहाना के प्रतिरोध में
जान गँवा बैठा
भेड़िए के चंगुल से बची रेहाना को
उसके देश के मर्दवादी काले क़ानून ने
फाँसी की सज़ा सुनाई।

फाँसी से पहले रेहाना ने
अपनी माँ को चिट्ठी लिखी—
"मैंने जाना कई बार हमें लड़ना पड़ता है।
आपने मुझसे कहा था
इन्सान को अपने उसूलों को
जान देकर भी बचाना चाहिए
जब हम स्कूल जाते थे
आप हमें सिखाती थीं
झगड़े और शिकायत के समय भी
हमें भद्र महिला की तरह पेश आना चाहिए।

आपके अनुभव ग़लत थे।
जब यह हादसा हुआ
तो मेरी यह सीखी हुई बात
काम नहीं आयी।"

रेहाना जैसे ख़ूबसूरत लोग
इस दुनिया में जीने के सच्चे हक़दार थे
लेकिन जिन क़ानूनों पर उसने
अन्त तक विश्वास बनाये रखा
वे किसी अँधेरे गहरे कुएँ में लिखे गये थे।

(2014)

युद्ध और तितलियाँ

तितलियों के दिल
उनके पंखों में रहते हैं।
उनके पास दो दिल होते हैं।
लड़कियाँ उनके पंखों के
प्यार में होती हैं
वे उनमें भरती हैं अपना हृदय।
वे दुनिया को
तितलियों के पंखों के मानिन्द
ख़ूबसूरत देखना चाहती हैं।

फूलों की पंखुड़ियाँ
लड़कियों की आँखें
शान्त नदी
और सर्द मौसम
मरने नहीं देते
तितलियों को।

लेकिन जब कहीं युद्ध छिड़ता है
जब किसी के हृदय को छला जाता है
जब फूल की पंखुड़ियाँ
सूख कर
गिरने लगती हैं
तितलियाँ बूढ़ी होने लगती हैं

उनके रंग पिघलने लगते हैं
फिर लौटा देती हैं वे अपने पंख
धरती को
युद्ध रंगों को निगल जाते हैं।

(2014)

मैं जा रही हूँ—उसने कहा

केदार जब वह जा रही थी
क्या तुम्हारा मन नहीं भीगा था?
तुम नहीं रोये थे?
जैसे बिफर उठा था हीरामन!

सात कोस तक चहुँओर
बादरों-संग रोयी थीं उसकी आँखें
हृदय की जगह कैसे रखा जाता है पत्थर
केदार?

एक आख़िरी बार भी
मिलने की इच्छा नहीं है तुममें?
क्या हूक उठती है
कभी-कभी अब भी दिल में?
क्या उसके चुम्बन तुम्हें नहीं आते हैं याद?
उसकी हँसी क्या तुम भूल गये हो केदार!
तुम्हारे भीतर वक़्त को पीछे मोड़ देने का
अब कभी नहीं आता है ज्वार?
क्या वह लौटे तो तुम
बात भी नहीं करोगे केदार?
नहीं?
हा हा हा—क्यूँ नहीं—क्यूँ नहीं
बिल्कुल!
तुम झूठ बोलते ही कहाँ हो कठकरेज केदार!

(2014)

तमाम दुखों में से मुझे एक दुःख यह भी है कि

मेरी गैया कल
बियाते समय मर गयी

त्रिवेनी चाचा पूरी उमर
बेलदारी का काम करते-करते
एक दिन मर गये

कि बाबूजी
बहुत तेज़ी से बुढ़ाने लगे हैं
और उनका बुढ़ाना मैं रोक नहीं पा रहा।

तमाम दुखों में से
मेरा एक दुःख यह भी है कि
मेरे बचपन में दिखने वाले
ढेर सारे लोग जाने कहाँ गुम हो गये?

कि मेरी स्मृति कभी-कभी मेरा
साथ नहीं देती
कि मेरे गाँव की ओर जाने वाला रास्ता
हर साल थोड़ा और लम्बा हो जाता है
कि ध्रुव तारे के बग़ल वाला तारा
अब और धुँधला हो गया है।

(2013)

स्मृतियाँ

क्या होगा यदि हम भूल जायें अपनी सारी स्मृतियाँ?
शायद तब हम खँडहर भी नहीं रहेंगे
वे भी जीते हैं अपनी स्मृतियों में

हम जीवित हैं क्योंकि
हमारे पास यादें हैं
क्योंकि हम बना रहे हैं
स्मृतियाँ हर धड़कन के साथ
हर बार फेफड़े में आती-जाती
हवा के साथ।
मेरा घर, मेरी माँ, मेरे पिता,
मेरा गाँव, बारिश, बचपन, दोस्त,
यह आकाश, मेरा बग़ीचा
और मेरी बेवफ़ा प्रेमिका
मेरे भीतर जीवित रहते हैं
जैसे जीवित रहती है मछली
पानी के भीतर
जैसे जीवित रहता केंचुआ
गीली मिट्टी में
स्मृतियों में जीवित रहता हूँ मैं

गांधी मरे थोड़े न हैं!
इतिहासकारों की आँखें नहीं होतीं

वे सुन नहीं सकते
वे हाथों पर बस गिनते हैं
कुछ गिनतियाँ
और कह देते हैं गांधी मर गये।

(2012)

शिकारी निकल चुका है शिकार पर

जीवन इतना ख़ूबसूरत है
जितना फूलों का खिलना
तितली के पंख
इन्द्रधनुष के रंग
हल्की बारिश
किसी चिड़िया का कण्ठ
किसी बूढ़े दादा का ठहाका।

यह इतना अनिश्चित है
कि हर इक क़दम पर
मौत जैसे आपको माफ़ी दे रही हो
और हम इतने निश्चिन्त कि जैसे मान बैठे हों—
यह जीवन हमेशा से हमारा था और रहेगा।

शिकारी हर पल शिकार पर है
हिरण की गर्दन दबोच शेर जैसे चलता है
मौत हमें ले चलेगी एक दिन।

मगर ओह मेरी महत्त्वाकांक्षाएँ!
ख़ून पीती हैं हर इक दिन हर इक पल
यह जानते हुए भी कि एक दिन
मेरी प्यारी चदरिया कफ़न की तरह दिखेगी।

काश कोई रास्ता होता
जिसमें दर्द-रक्त-आँसू-अवसाद की जगहें कम होतीं
और तमाम ज़रूरतों के लिए उठाये गये हाथों को हरदम
यह भी याद होता कि
आग, मिट्‌टी, क़ब्रें इन्तज़ार में बैठी हैं हमारे।

शिकारी हमारे पैदा होते ही
शिकार पर निकल चुका है

जितना नेह होगा
दर्द का खाता उतना लम्बा होगा।

(2013)

कफ़्यू और एक छोटी लड़की

हिंसा इतनी बढ़ गयी थी
कि शहर में लगाना पड़ा कर्फ़्यू
देखते ही गोली मारने के
दे दिये गये थे आदेश।

सड़कों पर बन्दूक़, पत्थर, ख़ून
टूटे हुए चप्पल और सन्नाटे के सिवा
कुछ नहीं था।
ताज़ी हवा और परिन्दों ने कर्फ़्यू के चलते
अपने रास्ते बदल दिये थे
लोगों का दम घुट रहा था।

सड़क पर अचानक एक छोटी बच्ची दिखी
जिसकी माँ खाना बनाते वक़्त
बाहर का दरवाज़ा बन्द करना भूल गयी थी
वह हँस रही थी
खेल रही थी
उन टूटी हुई चप्पलों
बिखरे हुए पत्थरों के साथ
और पूछ रही थी बन्दूक़ों से
कि यह टूटी हुई चप्पलें उनकी हैं?

अचानक बन्दूक़ें भारी हो गयी थीं
वे उठ नहीं पा रही थीं
कर्फ़्यू टूट गया था।

(2012)

जड़ें

इस बार जब गाँव गया
मेरे घर के सामने वर्षों से खड़ा
अमरूद का पेड़ नहीं था
न ही घर के पीछे की बंसवारी
न दिखी सुखल चाचा की खाट
न नूर मियाँ की पकी दाढ़ी
न ही सुनाई दिया कहीं
सारंगी बाबा का इकतारा

गाँव के बैल बूढ़े हो गये थे
पहचानने वालों की
आँखें और भी बूढ़ी हो गयी थीं
जिनकी जवान थीं
वे हमें पहचानते नहीं थे

धान धरती से ख़फ़ा थे
धरती का दिल आसमान
ने तोड़ दिया था
मेरा प्यारा छोटा दोस्त पोला
साँप काटने से मर गया था
सोखा ने सोखैती ठीक से नहीं की थी
उसकी माँ बादलों की जगह
आँसू बहा रही थी

बारिश बहुत खारी थी।

कुएँ-ताल-बैल
पुरखों के घर की तरह
जर्जर हो चले थे
बूढ़े-बुजुर्गों की आँखें अजीब सी
नमी से भरी थीं
वे एक के बाद एक बहुत तेज़ी से
ख़ाली कर रहे थे गाँव
सारे पुराने पेड़ उखड़ रहे थे
नये पौधों की सोरें धरती
से जुड़ नहीं पा रही थीं।

(2010)

आयरनी

धरती को बचाने के लिए
योजनाएँ तैयार की जा रही थीं
नेताजी रट रहे थे जोशीला भाषण।

बड़ा-सा पोस्टर
नेताजी के दमकते चेहरे और कालिख उगलते
कारख़ानों के बीच लगा दिया गया था
जिस पर पेड़ बने थे

मीडिया के कैमरे
ठूँठ हो रहे पेड़
बंजर हो रही धरती और काले हो चुके फेफड़ों के बजाय
पृथ्वी-दिवस समारोह में भाषण दे रहे
नेताजी के चेहरे पर झुके थे
जिनका भाषण आरी और कुल्हाड़ी लिए हत्यारे
सुन रहे थे इस इन्तज़ार में
कि समारोह ख़त्म हो और वह
अपने काम पर लगें।

(2014)

इन्तज़ार

मकदूनिया में यदि कोई
इन्तज़ार में होता
तो
शायद
सिकन्दर बेबिलोन में नहीं मरता।

(2016)

समकालीन ब्यौरे

मेरे देश में किसी के ऊपर मुक़दमा हो जाना
काट ली गयी मेंड़ से
पैर के फिसल जाने जैसी घटना है!
जैसे मदारी देखने जाते हैं लोग
वैसे ही जाते हैं मुक़दमे पर मारतमाम लोग
दिन-माह-साल-पीढ़ी-दर-पीढ़ी हर रोज़।

भारी बात है इस देश में समय रहते
न्याय का मिल जाना
बिना घूस दिये फ़ाइल का आगे बढ़ जाना
बिना सोर्स की नियुक्तियों का हो जाना
भारी बात है किसी ग़रीब का
स्वाभाविक मौत मर जाना।

(2017)

गुरुत्व

ईश्वर जब सारे बन्धन तोड़
प्रेम में होता है
बादल बन जाता है

बादल को होना होता
है धरती; धरती लिखती है
नीले आसमान के लिए प्रेमपत्र
अमलतास के फूल–
मोगरे की सुगन्ध से।

यह एकदम सच है
दुनिया के सारे फूल सूरज
को चूम लेना चाहते हैं

इन्द्रधनुष
तितलियों के बारिश में
भीगने से बनता है
दादा इक रोज़ खेतों में
काम करते हुए गेहूँ की बाली
बन गये और बन गयी
मेरी माँ–पिकासो के कूचे से लुढ़क गये
एक डबरे सी सूरज।

इस दुनिया की हर इक चीज़ से
मेरी माँ को मुहब्बत थी
हालाँकि बहुत बार उनकी आँखें
आसमान में देर तक टिकी रहती थीं

तारे उनकी उम्मीद थे
जब कोई टूटता हुआ तारा देखतीं,
मुझे कसके भींच लिया करती थीं।

(2012)

और एक दिन आयेगा

दीवारें टहनियाँ बन जायेंगी
बैठ जिन पर कोई चिड़िया
वसंतागमन का गीत गायेगी
पिंजरा नहीं कर पायेगा क़ैद
बिटिया किताबों के पंख लगा
सपनों के देश उड़ जायेगी

(2018)

विपश्यना

समुद्र में गहराई
आसमान में ऊँचाई
पर्वतों में स्थिरता
सब उन्होंने अर्जित किया है
जैसे बुद्ध ने ख़ुद को
अर्जित किया था।

जीवन में हम करते क्या हैं
ख़ुद को खोजने के सिवाय!

मृत्यु किसी के जीवन का अन्त नहीं
वह तो बस बुलाने आती है
विपश्यना के लिए।

(2017)

कविता

मैं जब बकइयाँ खींच रहा था–
शब्दों के चेहरे पहचानने शुरू किये,
मुझे लगा कविता शब्दों में है।

जब लड़खड़ाते हुए चलना सीख रहा था
तो एहसास हुआ–कविता
दरअसल शब्दों के बीच में है।

जब पैर मुझे ठीक से उठाने लगे
तब मुझे एहसास हुआ कि मैं ग़लत था।

कविता हर उस जगह है
जहाँ रोशनी जा सकती है
और वहाँ और ज़्यादा है
जहाँ वह नहीं जा सकती।

कविता निर्वात में है
दूर कहीं अन्तरिक्ष से आते हुए
पुच्छल तारे में है।
जुगनू–अमलतास–
किसी हिरणी की आँखों में है।

चार्ली चैपलिन की चुप्पी में
पिकासो की पेंटिंग
ताज की नक़्क़ाशी में भी।
बारिश की हर एक बूँद
कविता लिखती है।

जॉनी डेप, शेक्सपियर, आइंस्टीन, गांधी
कुँवरनारायण और पाब्लो को कौन
जोड़ता है भला?

(2015)

गांधी महात्मा

मेरी माँ बताती हैं कि
गांधी देवता आदमी थे
उनके दो पैर, चार आँखें, बारह हाथ थे
और बड़ा-सा दिमाग़ भी।
उनका दिल मोम का बना था।
उनको देखकर अंग्रेज़ थर-थर काँपते थे।
हवा पीकर बहुत दिन तक वह रह सकते थे।
वे नंगे रहते थे।
उनके कपड़े अंग्रेज़ चुरा ले गये थे।

उनका चश्मा बहुत दूर तक देखता था
बुधिया के आँसू उनके चश्मे पर
जाकर गिरते थे

वे बकरी का दूध पीते थे
सहारे के लिए
एक पतली-सी लाठी रखते थे
बच्चों के मानिन्द हँसते थे
उनके पास कई जिन्न थे

आज़ादी के बाद
संसद भवन में
बकरीद मनायी गयी थी

उनकी बकरी वहीं मारी गयी थी

उनकी लाठी खींचा-तानी में
चौदह अगस्त की रात टूट गयी थी
उसका एक हिस्सा हिन्दुस्तान ने लिया
दूसरा हिस्सा पाकिस्तान ने

उनके जिन्न
बहुत दिनों से एक पैर पर खड़े थे
अब उन्हें कुर्सी चाहिए थी

मेरी माँ बताती हैं
जब दंगे होने शुरू हुए,
वह गलने लगे थे।
वह बूढ़े हो गये थे

(2010)

मेरी दुनिया के मज़दूरो

देवताओं ने अधूरी सृष्टि बनायी
वे पूजनीय कहलाये
और चले गये रहने के लिए स्वर्ग

तुमने ग़लती और सड़ती हुई दुनिया को
सींच ख़ून-ओ-पसीने से बनाया स्वर्ग
कहलाये मज़दूर-जाहिल-असभ्य
तुम्हारे रहने के लिए नहीं रखी गयी कोई जगह

सिर्फ़ भूख से मर सकते थे तुम
और जो हम सभ्य थे, तुम्हारे लिए बस इतना किया
कि तुम्हें धीरे-धीरे मरते हुए देखते रहे
सुसंस्कृत-शालीन आँखों से
और फिर इक रोज़ तुम्हारे मरते ही
तुम्हारे बच्चों को बना लाये मज़दूर।

(2011)

ईश्वर की मृत्यु-1

दुनिया के शुरू होने से पहले, बहुत पहले
पूरी महानता के साथ मौजूद थे
ईश्वर
लेकिन अरबों-अरब साल पहले।

हालाँकि अब भी पैदा होते हैं ईश्वर
किसी बच्चे की तरह
नवजात शिशु में
उसी महानता-निश्छलता के साथ

न जाने क्या है जो
बच्चे के बड़े होने के साथ
देवत्व को धकेल देता है
अरबों-अरब साल पहले।

धरती पर कोख से
निकलते ही
मरने लगते हैं ईश्वर।

(2009)

ईश्वर की मृत्यु-2

भूख से तड़पते हुए
तिल-तिल मरना
कितना कष्टदायक रहा होगा–
माँ का भूख से मरते जाना
बच्चे को बचाने की कोशिश में
यह जानते हुए भी कि
उनके बाद उसका कोई नहीं होगा
मेरे बाद अन्तत:
मर जायेंगे मेरे बच्चे भी।
इस दुःख-कष्ट-मजबूरी-मृत्यु के लिए
ईश्वर के पास कौन सा तर्क-शब्द है!

माँ से पहले
ईश्वर मरे होंगे
फिर देश
फिर समाज
फिर माँ
बच्चों के मरते ही
मर गयी होगी इन्सानियत।

(2009)

ताँगे के घोड़े

ताँगे के घोड़े हँसते नहीं
सिर झुकाये
दर्द और ग़ुलामी में दौड़ते हैं।
घोड़े की नाल में
जब लोहा ठोका जाता है
और उनकी नाक को छेदकर
ग़ुलाम बनाया जाता है
वे ज़ोर से हिनहिनाते हैं
उनकी चिंघाड़
बहुत भयानक होती है
अफ़्रीका में और मार-तमाम
जगहों पर बहुत से लोग हैं
जो लोहे का स्वाद याद कर
सिहर उठते हैं।

जब हम ताँगे पर बैठे होते हैं
और तेज़ चलाने की शिकायत करते हैं
तो हर मिनट उसकी चमड़ी
चाबुक सहती है

बहुत से मज़दूरों की अनऊँघी आँखों में
डूबता सूरज उतर आता है
मशीन उन्हें निगल जाती हैं।

घोड़ों की आँखें बेहद उदास होती हैं
वे रोते नहीं
उनकी टाँगों से रिसता है ख़ून।
सड़क पर पड़ा ख़ून
बाद में आने वाले ताँगावान को
राह दिखाता है।
कोई घोड़ा मर कर तारा नहीं बनता
ताँगेवाले बनते हैं मरने के बाद ध्रुवतारा।

(2017)

घुघुआँ घूँ

घुघुआँ घूँ
तब केकर घूँ
चन्दा के घूँ।
घुघुआँ घूँ तब केकर घूँ

माँएँ ख़ुद के शरीर को दोहरा
करती हैं और हवा में ऐसे उछालती हैं
कि उनके हाथों से हमारे हाथ न फिसलें
हमारे पैर उनके पैरों पर बने रहें
हम मुस्कुराते रहें।
उनके पास एक जादू की छड़ी होती है
हमारी आँखों को माँ सपने देखना सिखाती हैं
हमारा ख़ून, हमारा दिल, हमारी आँखें, हमारे फेफड़े
हमारे नहीं होते
बस पेट भर हमारा होता है।

उनका कलेजा उनके शरीर में नहीं होता
वे अपनी क़ब्रों से भी हमारी सलामती की
दुआएँ पढ़ती हैं।
उनकी आत्माएँ मुक्त नहीं होतीं
जब तक हम ज़िन्दा हैं
हमारे साथ बनी रहती हैं।

घुघुआँ घूँ
तब केकर घूँ
अम्मा के घूँ।

(2015)

गणित

भारी चीज़ है गणित।
लाख कोशिश की
कभी मन ही नहीं लगा इसमें

हालाँकि होश सँभालते ही
मुझे सिखाई गयी गिनती
फिर रटाये गये पहाड़े
मनवाया गया एक्स
बनवाया गया त्रिभुज
डलवाया गया लम्ब

छोड़े गये मज़दूर
गिनवाये गये गड्ढे
फिर उसे खोदने में लगे दिन
भरने में लगे दिन
और क़म्बख़्त थीटा
एक-दूसरे से मिलकर
भेष ही बदल लेते थे
नदी-नाव-ट्रेनों ने तो
जीना हराम कर रखा था
रमेश सुरेश की गायें हमेशा
चरती ही मिलती थीं
लँगड़े प्रताप की दूसरी टाँग

भी तंग आकर मैंने एक रोज़ तोड़ दी थी।

चार रुपये में आठ आम तो
दो रुपये में कितने आम?
यहाँ तक तो ठीक था
पर डेढ़ रुपये में कितने आम?
या जब भूख लगी हो
और पैसे न हो तब कितने आम?
मुझे लगता था
गणित पढ़कर ज़रूर आदमी
मशीन बन जाता होगा
दो दूनी चार ही क्यूँ होता है?
तीन या पाँच भी तो हो सकता है।
लोग कहते हैं
गणित जो नहीं जानते हैं
उनकी ज़िन्दगी बहुत बुरी होती है।

गणित जब दसवीं के बाद
गर्मी की छुट्टियाँ मना रहा था
मैं दम साधकर उससे भाग लिया
बाबूजी शान्त मन से हमें देखते रहे
कुछ बोले नहीं।
लेकिन इस जिन्नात ने फिर भी पीछा नहीं छोड़ा
जितना भागे उतना ही ज़िन्दगी में घुसता गया
सबसे कम गणित साहित्य में होता है
सोचकर पढ़ने लगे कविता, कहानी
पता चला यहाँ तो और भारी गणित है।
भागना ख़त्म ही नहीं हो रहा
जीने के लिए पैसा
पैसे के लिए नौकरी

नौकरी के लिए गणित
रिश्ता, राजनीति, प्रमोशन, शोहरत
ससुर ब्रह्माण्ड में जहाँ जाओ गणित ही गणित!
भाग कर कहाँ जायें?

बाबूजी अब भी शान्त होकर देख रहे हैं
हमारा भागना।

(2017)

शंख और लामा

तिब्बत के पर्वतों से आते हैं लामा
इक रोज़ ख़ुद के देश में
बन्धक बना लिए गये लामा
निर्वासित जीवन जीते हैं लामा
असीम दुःख सहते हैं
आँसू पीते हैं लामा
बहुत कम बोलते हैं
बड़े संवेदनशील होते हैं लामा
हर वो चीज़ जो बोलती है
उनको सुनते हैं
जिन चीज़ों के पास
अपनी आवाज़ नहीं
उन्हें और ग़ौर से सुनते हैं लामा।
पत्थरों पर सोते हैं
बहुत धीरे-धीरे चलते हैं लामा
हमेशा ध्यान में होते हैं
शंख रखते हैं लामा
शंखों से गुज़रते वक़्त हवाएँ
लामाओं से बात करती हैं।
जब कोई लामा आत्मदाह करता है,
रुँध जाते हैं शंखों के गले।
झुककर बोलते हैं लामा
लामाओं के बाल बड़े नहीं होते

चीवर ओढ़ते हैं लामा
जब कोई लामा मरता है तो
समंदर छोड़ जाते हैं अपने किनारे
एक शंख।
उस दिन बादल ख़ूब बरसते हैं
फूल उस दिन नहीं खिलते
सूरज डूबते वक़्त उस दिन
बहुत भारी हो जाता है।

(2012)

मृगमरीचिका

जन्म और मृत्यु के बीच
बहुत गहरी ऊबड़-खाबड़
सुन्दर और ख़तरनाक
हरहराती हुई नदी बहती है।
सबने अपने अपने तिनके
सँभाल रखे हैं जो किसी के
कहे अनुसार उन्हें
किसी अँधेरे में किसी नदी में
डूबने से बचा लेगा।
पत्थर पर लिखे सारे नाम
हवा और बारिश इक दिन धो देगी
सारे ग्रन्थ और उनके नियम
बढ़ियाई नदी को बाँध नहीं सकेंगे।

जीवन सीमाओं में बँधी-खुदी
मापित नहर नहीं है
सारे तिनके मृगमरीचिका हैं
जो हमें कहीं नहीं ले जाते
पुल का दूसरा छोर
हमारी आँखें कभी
नहीं देख सकेंगी
नाव में जितने पत्थर होंगे
पतवार खींचना दुःख देगा उतना ही।

अन्ततः यह भी है कि नदी
के दूसरे छोर पर किसी को कुछ भी
ले जाने की अनुमति नहीं होगी
अपनी आँखें-हाथ-पैर कुछ भी नहीं।
सारे पत्थर डुबो दिये जायेंगे
जिन हृदयों में बने रहने के लिए
आपने सारे जतन किये
उनकी नावें आगे बढ़ निकलेंगी।

(2011)

प्रेम के एक दिन मरते ही

कितना अच्छा होता
प्रेम में आदमी हमेशा डूबा रह पाता
दर्द में डूबे रहने के बजाय

धीरे-धीरे मरता हुआ आदमी
पतझड़ का मौसम
खारा पानी
पागल कर देने वाली बेचैनी
अवचेतन का चेतन बनते जाना
नसों का फट जाना
सारे ख़ून में दर्द का फैलते जाना
मुझे कभी पसन्द नहीं थे

पर कहाँ लिखा है
जिन चीज़ों को आप पसन्द न करें
वो आपको भी पसन्द न क़रें?
असीम पीड़ाएँ तैरती ही रहती हैं

दुनिया का पवित्रतम जल
किसी प्रेमी की आँख से गिरे आँसू हैं
जो धरती को उर्वर बनाते हैं।

ये अलग बात है कि
खेत का एक कोना
उस वक़्त बंजर भी हो जाता है
और आसमान से किसी तारे का
एक हिस्सा टूट कर
बहुत तेज़ी से
धरती की तरफ़ बढ़ा चला आता है।

जितना डूब कर करेगा
कोई प्रेम
पीड़ाएँ उसके इन्तज़ार में बैठी मिलेंगी
उतने ही गहरे डुबोने के लिए

लहरें पूरी ताक़त से
अपने ही शरीर में हमें
तली से लगाने लगती हैं।
बहुत से प्रेम में डूबे–
प्यारे-सच्चे लोग
समन्दर किनारे मिलते हैं
जिनके साथ ज़िन्दगी वादाख़िलाफ़ी
कर चुकी होती है
कुछ और दूर साथ चलने के वादे से

उस दिन पत्थर-धातुएँ-शंख
मर जाते हैं थोड़ा सा और,
थोड़ा सा और खारा हो जाता है
समंदर का पानी
कहीं कोई एक फूल
अपनी डाली में लगे लगे
ही मुरझा जाता है।

नागफनी में
उस वक़्त
एक काँटा और उग आता है।

लहरें प्रेम में गहरे डूबे हुए लोगों को
पहचान लेती हैं।

(2011)

बोगनवेलिया

लड़कियों को
एक दिन छोड़नी होती है अपनी ज़मीन
अपना मायका
और उन सारी चीज़ों को जिनके लिए
वह कभी जान देती थीं–
माँ का आँचल, पिता का दुलार
बचपन की सहेली
आँगन की चिड़ियाँ सब कुछ।
वह चाहे जितना रो लें
उनकी यही क़िस्मत है
यही रिवाज़ है।
शायद किसी ब्रह्मा ने लिखी है।
सुनने में आता है
बोगनवेलिया किसी दूर देश से लायी गयी।
जब उसे मालूम हुआ कि बग़ल के कमरे
से कोई हाथ उसके आँसू पोंछने के लिए
अब नहीं आयेंगे
उसने अपने आँसू अपने सीने
में ज़ब्त कर लिए
मेरी बूढ़ी दादी का
चेहरा बिल्कुल बोगनवेलिया की तरह था
वो बताती थी कि बोगेनवेलिया के आँसू
अंदर-अंदर रिसते रहते हैं

किसी भी पथरीले या सूखे वाले मौसम में भी
बोगनवेलिया सूखता नहीं है
वह खिला होता है दुनिया के सारे फूलों से ज़्यादा।

(2015)

चिमकी और चुम्बक

और फिर
फिर क्या हुआ?

धूप खिली हुई थी
गुलाबी दिन था
लग गये थे चिमकी के हाथ
चुम्बक के दो टूटे हुए टुकड़े

फिर अचानक चिमकी को भान हुआ
उसे जादू आ गया है
वह अपनी दादी की कहानियों की
जादूगरनी बन गयी थी

उसे लगा कि वह जान गयी है
कि किस कोण और दूरी पर दोनों चुम्बक एक-दूसरे को
भींच लेंगे जैसे उसकी माँ भींच लेती हैं उसको
किस कोण पर वे एक-दूसरे का मुँह तक
नहीं देखना चाहेंगे ताऊ और पापा की तरह
उसे लगने लगा उसे चुम्बक से प्यार हो गया है
वह इक रोज़ उसे जादू की छड़ी बना देगी
ऐसी तरकीब ज़रूर खोज लेगी
वह कोण
जिससे उत्तरी ध्रुव से दक्षिणी ध्रुव की दूरी कम की जा सके

उसे लगने लगा कि चन्दा मामा, तारों व ढेर सारे जुगनुओं
और मर चुकी नानी को चुंबक से
अपने सपनों से खींच लायेगी बाहर
वह फूलों की सुगन्ध, तितलियों के रंग, चिड़ियों के पंख,
गिलहरी के हाथों को और
मछली की आँख को इक रोज़ अपने भीतर भर लेगी।

दिन भर उड़ती रही चिमकी
सिकन्दर के घोड़े पर बैठकर
इस जुगत में कि आसमान को धरती पर कैसे लाया जाय।
बादल को पकड़कर अपने छोटे से बस्ते में कैसे रख लिया जाय।
उसका मन उस रोज़
सेमल का फूल हुआ जा रहा था
दिल हरसिंगार का फूल हो चला था
जादूगरनी चिमकी अपने चुम्बक से
दुनिया को फिर से रच रही थी।

(2013)

आईस-पाईस

एक बच्चा दस तक गिनती करता है
बाकि सब छिपते हैं।
फिर वह दौड़ता है उन्हें खोजने
यदि वह सबको खोज लेता है
तब वह मुक्त हो जाता है
निर्वाण के लिए।

प्रेम, इन्सानियत, देवता, डायनासोर
सब छिपे
इस इन्तज़ार में कि हम आयेंगे
और उन्हें खोज लेंगे

लेकिन तब तक हम बड़े हो चुके थे
हमारे पास और भी बड़े-बड़े काम थे
करने को।

(2013)

लाता मुकी धप

छोटे बच्चे खेलते हैं एक खेल
घर बनाने का
जब वह बन जाता है
तो उसमें अपनी
एक आभासी दुनिया रचते हैं
ज़िम्मेदारियाँ गढ़ते हैं
खो जाते हैं उस खेल में
लेकिन कभी नहीं भूलते कि
माँ उनका इन्तज़ार कर रही है
या घर उनके इन्तज़ार में खड़ा होगा
वे जल्द ही
लौट आते हैं अपनी असल ज़िन्दगी में

कहते हुए लाता मुकी धप!

(2013)

पछिल्लो

पछिल्लो मेरे गाँव
के बच्चे खेलते हैं

मैंने सात पत्थर लिए
और उस पर सूरज को टिकाया
बिट्टू की गेंद से
साध कर निशाना लगाया।
सारे देवता दौड़े
लाने गेंद
कि तब तक सजा दी थीं बिट्टू ने
सारी गोटियाँ।
देवता हो गये थे पराजित

बिट्टू हँस रहा था
पृथ्वी अब उसकी थी

(2013)

विद्रोही कवि : फूल मरै पर मरै न बासू

ऐसा कवि जो आसमान में धान बो सकता था
ऐसा कवि जिसकी कविताएँ
आम के बौर की तरह महकती हैं
जो कवि महुए के चूने के इन्तज़ार में था
जिसकी कविताओं में वनबेला फूलती है
जो हमारे लिए सड़कों पर उतरता रहा
उस सूफ़ी की कविता उन हाथों में फहरेगी
जो अन्याय के विरुद्ध सड़कों पर उतरेंगे।
ऐसे लोगों की प्रतिज्ञाओं में होंगे विद्रोही
जो किसी की बेटी के जलने से पहले कहेंगे
यह मैं होने नहीं दूँगा।
जो अपनी जेबों में बाघ लेकर चलता था
जिसकी कविताओं में किसान-मेहनतकश का
दर्द भरा हुआ है
जिसकी कविताओं में–आदमियत की पेड़–नानी
मरी नहीं है वह मोहनजोदाड़ो के तालाब में
स्नान करने गयी है
और शायद अब मेरा कवि विद्रोही भी।

(2015)

कबिरा खड़ा बाज़ार में जागे अउर रोए

जब हम किले बना रहे होते हैं ख़ुद के लिए
उस वक़्त मृत्यु हमें देखकर क्या सोचती होगी?

एकमात्र सत्य
व अपराजेय जो है
वह ईश्वर नहीं है।
न ही जीवन
न माँ न पिता न बन्धु
न अनन्त आकाश न सागर
न उजाला न अँधेरा न धरती

चाहे मैं जितनी ज़ोर से चिपका रहूँ इस जीवन से
एक दिन बिल्कुल अनिश्चित समय बिन पूर्वसूचना के
मृत्यु मेरी गर्दन पकड़ेगी
मेरी सारी योजनाओं पर मिट्टी डालती हुई
घसीटती ले जायेगी निर्मम हत्यारे की तरह

अपने इर्द-गिर्द चाहे जितने जतन करें
दुःख से दूर होने के
चाहे जितने चद्दर ओढ़ें
चाहे छिप जायें किसी दर्शन या ईश्वर के पीछे
त्रिगुनिया फाँस में मृत्यु इकदिन मेरा गला दबोचेगी
जैसे क़साई चढ़ता है बकरियों के गले पर।

जिन चीज़ों के लिए मैंने
कई-कई रातों तक आँसू बहाये हैं
उन्हें पाने के लिए सारे जतन किये हैं
उनके धुएँ और राख भी
नहीं बचेंगे मेरे लिए।
अन्त में बस बची रहेगी मृत्यु
हँसती हुई मेरे बनाये गये क़िलों को
कूड़े के ढेर की तरह लाँघती हुई।

बित्ते भर से भी कम की दूरी पर
पूरे जीवन खड़ी रही मृत्यु।
आँखें मींचकर
भूकम्प की ज़मीन पर
किले की नींव पर ईंट रखता रहा
महत्त्वाकांक्षाएँ ख़ून पीती रहीं
अपनी आँतों में गहरा कुआँ खोदता रहा
जिसकी प्यास असीम थी।
ओ कबीर! हो कबीर! माया मरी न मन मरा
मर-मर गया शरीर
आशा तृष्णा न मरी, कह गये दास कबीर।

जिजीविषा

हम मर सकते हैं
मरने के लिए हज़ारों हज़ार कारण
बिखरे पड़े हैं
दुःख है
दुनिया दुखों से ही तो भरी है
आँसू है
यह समन्दर सारा उसी से तो खारा है
इसके बावजूद हम जियेंगे
बारिश की बूँदों में भीगते हुए
चिड़ियों की चोंच से दाना चुगते हुए
तितली के पंखों में
इन्द्रधनुष के सात रंगों में
नदियों की कल-कल में
पीपल-पाकड़ की छाँव में
होरी हीरामन के गाँव में
कोयल की बोली में
मुर्गे की बाँग में
नीले आसमान को घूरते हुए कठफोड़वा की आँख में
बोगनवेलिया के फूलों में
हाथी की सूँड़ में
बन्दर की पूंछ में
महुए के चूने के इन्तज़ार में
अमोला की कोमलता में

बीज जैसे चट्टान तोड़ कर उग आता है
हम उगेंगे
जब यह धरती हमारा साथ छोड़ देगी
सूरज जब अँधेरों में गुम हो जायेगा
जब अँधेरे के सिवा कुछ नहीं रह जायेगा
तब भी हम रहेंगे।
पुतलियों में धारण करेंगे ब्रह्माण्ड को
जटाओं में धारण करेंगे किसी गंगा को
एकतारा बजाते हुए
झोली में डाले हुए एक बाँसुरी
एक गमछा
गेहूँ, धान, बाजरे के कुछ बीज
तथागत की तरह निकल पड़ेंगे कहीं
थॉमस अल्वा एडिसन को काँख में
दबाये हुए!

(2013)

लड़के

लड़के अमूमन चंट होते हैं
और प्यार के आदी
ताक़त, हिंसा और प्रेम को
समझते हैं
शेर की तरह अहंकारी होते हैं
जबकि लड़कियाँ बिल्लियों की तरह
स्वाभिमानी।
वे पसन्द करते हैं
घोड़े की पीठ
मछलियाँ मारने की डण्डी
पतंग के मंझे
बाइक की लास्ट गेयर
गिटार के तार
सिगरेट के धुएँ
बन्दूक़ की आवाज़
और एक भारी घड़ी।

लड़कों के दिल का
तीन चौथाई हिस्सा
बर्फ़ की तरह जमा होता है
वे बहुत कम रोते हैं
जबकि वे चाहे तो रो सकते हैं
हँसने की तरह।

वे छाते को प्रेमिका की तरफ़
झुकाये रहते हैं
वे उन्हें सुनना पसन्द करते हैं
और छोड़ने जाते हैं उनके घर तक
अक्सर वे देवताओं से नाराज़ रहते हैं।

(2010)

मगध, दिल्ली और मुर्दों का हस्तक्षेप

मेरे देश के लोगो!
हर देश की राजधानी की नींव
लकड़ी की बनी होती है
दीमक हर वक़्त उसे चाटते रहते हैं।

यदि ज़रूरी हस्तक्षेप नहीं हुआ तो
राजधानी ढह जाती है
फिर भरभराकर पूरा देश।
और तब बचते हैं सिर्फ़ मुर्दे
जो एक राजधानी बनाने में वर्षों लगा देते हैं

(2013)

बहेलिया

ऊपर बैठा आत्माओं का शासक
तीर धनुष लिए दौड़ता है
हर रोज़ हर पल
बींधने के लिए हृदय
हँसता हुआ आत्माओं का शिकारी
बकरियों, गिलहरियों,
चिड़ियों को मारता हुआ

दुःख, दर्द, लाचारी में भरे हिरन
जब अपना शरीर बदलते हैं
तो उनका यह शरीर बदलना
गीता में लिखे कपड़े बदलने
की तरह आसान या सरल नहीं होता।

(2009)

ईश्वर, जीवन और मृत्यु

ईश्वर के पास
सबसे कम हरा रंग बचा था
और उससे भी कम लाल रंग।
सब कुछ के अन्त होने तक
वह इसे बचाये रखना चाहता था
उसने एक धड़कती हुई चीज़ बनायी
और तमाम ग्रहों के बाद भी
फिर और एक ग्रह।
उसे लगा
उसने सबसे सुरक्षित जगह
खोज ली है
जबकि वह जानता था
मृत्यु ने पीछा नहीं छोड़ा है
बस उसने उतार दिये हैं जूते

(2011)

पीड़ाएँ

बहुत सी पीड़ाएँ
शब्दों को चुनती हैं
शब्द
बहुत सी पीड़ाओं में
बिखर जाते हैं।
यदि कोई भाषाविद्
आँखों की नमी में उतरता है
या किसी टूटे हुए हृदय को
महसूस करता है
तो वह आसानी से जान सकता है
अक्षर अखण्ड नहीं हैं
अक्षरों के भी टुकड़े
किये जा सकते हैं।
बहुत सी पीड़ाएँ हैं
जो सिर्फ़ बहती हैं
या फिर सूख जाती हैं
किन्हीं निरीह आँखों में

(2013)

समुद्र-मन्थन

ब्रह्माण्ड ने अपनी सारी संवेदना
सारी सुन्दरता, ख़ुशबू, रोशनी,
कोमलता, आँसू, मुस्कुराहट
मछलियाँ, तितलियाँ, ताक़त
एक धड़कती हुई चीज़ में रखी
और भागता हुआ धरती पर आया।

जिसको उसने समंदर की गहराइयों में छिपा दिया
वह उसका हृदय था
सारे देवता और राक्षस
जिन्हें चाहिए थी अमरता, सत्ता, सोना,
ताक़त और ग़ुलाम
इसे सूँघते हुए समंदर के पास जा पहुँचे
और अपने सारे हथियार उसके सीने में
घुसेड़ दिये।
धरती उस दिन काँपी थी
प्लेटों में विवर्तन की घटना तभी हुई थी
समुन्दर जब भी उस धड़कती हुई चीज़
को याद करता है उसमें ज्वार आ जाते हैं
कठोर पर्वतों के भी उस दिन आँसू बहे थे
दरिया समुन्दर के घाव तब से भर रहा है
और आसमान तब से ही नीला पड़ा है!

(2010)

जश्न-ए-आज़ादी और गांधी जी

गांधी जी की लाठी
अब भेड़ हाँकने के काम में आती है।
चश्मा नीलामी में
ख़रीद लिया है किसी सूदखोर ने।
लँगोट की
किसी पार्टी ने टोपी सिलवा ली है।
उनका खड़ाऊँ
हाशिए पर खड़े अन्तिम जन की
धुलाई के काम में आता है
या संसद भवन जाने वाले लोगों को
चुनावी रैलियों में पहनने के काम।
उनकी बकरी
को कुछ बड़े औद्योगिक घराने
जबरन खींच ले गये हैं
यह कहकर कि लाल क़िले को हम चन्दा
देते हैं, देश की सरकारें उनके कन्धों पर
टिकी हैं
उनका चरखा आरबीआई उठा ले गया है
नोट छापने के लिए
यह कहते हुए कि हम गांधी को कभी
मरने नहीं देंगे
गांधी जी के तीनों बन्दरों में से एक ने
आत्महत्या कर ली है

दूसरा न्यायालय के चक्कर लगा रहा है
तीसरे ने नक्सलबाड़ी ज्वाइन कर ली है
आज सुबह-सुबह साबरमती आश्रम में
प्रेस कॉन्फ्रेंस होगी
घोषणा की जायेगी कि हिन्दुस्तान
पाकिस्तान की ईंट का जवाब पत्थर से देगा
मिग विमान में शहीद हुओं को तिरंगे में
बाँधकर भेज दिया जायेगा उनके घर
झण्डा फहराया जायेगा
कुछ फ़िल्मी धुनों पर देशभक्ति के गाने चलेंगे
फिर शाम को
गांधी की बकरी ने जो मेमने दिये हैं
उनका गोश्त पकेगा
तिरंगा शाम को उतार लिया जायेगा
शाम को पीएम अपने आवास में बैठकर
आत्ममुग्ध होकर अपना भाषण सुनेंगे
जिसमें उन्होंने भूख और ग़रीबी मिटाने की बात
लिफ़ाफ़े में लपेटकर फिर जनता की तरफ़ फेंकी है
सरकारी कार्यालयों के मन भीतर-भीतर उदास होंगे
कि गांधी जी आज उनसे मिलने नहीं आये
और हम दिन भर शहीदों की कुर्बानी वाले
गाने सुनते हुए आँखें भर लेंगे

(2011)

नानी की सन्दूक

मेरी माँ जब अपने मायके से लौटती
नानी बहुत दूर तक उन्हें छोड़ने आया करती
गाँव के छोर पर एक ऐसी जगह थी
जहाँ से नानी को लौटना होता
और हमारी अम्मा को दूर किसी परदेस में जाना होता
जहाँ उनकी अम्मा नहीं होंगी
मेरी नानी बहुत मज़बूत थी
पर मुझे याद है उस जगह जाकर वह रो पड़ती थी
माँ भी नानी के कन्धे में सिमटकर ख़ूब रोती
नानी जैसे-जैसे बूढ़ी होती गयी
वह देर तक गाँव के उस छोर पर रुकने लगी थी
देर तक तकती रहती जब तक कि
हमारी अम्मा ओझल नहीं हो जाती।
नानी के पास एक जादुई सन्दूक थी
जैसे कि मेरी अम्मा के पास भी एक है
अम्मा जब भी नानी के घर जाती
नानी की सन्दूक ज़िन्दा हो जाती
बहुत देर तक नानी उसमें कुछ खोजती रहती
जाने से पहले हमारी अम्मा को बड़े जतन से कुछ देती
मुझे हमेशा लगता कि इस सन्दूक को
सिर्फ़ नानी ही खोल सकती थी
जब नानी को लगता कि उन्हें कोई नहीं देख रहा
उस वक़्त नानी उस सन्दूक से बात करती थी

कभी-कभी उस सन्दूक पर सिर रखकर रोती भी थी
नानी यह सन्दूक अपनी माँ के यहाँ से लायी थी
नानी हमारी अम्मा को ख़ूब मानती
जैसे कि उनकी अम्मा उन्हें मानती थीं।
जब दोनों का मिलना हो पाता
पता नहीं किस ज़माने की बात करके ख़ूब हँसते
बिल्कुल छोटी से छोटी बात पर
घण्टों उनकी याद में खोये रहते
मेरी नानी बहुत बढ़िया क़िस्सागो थीं
सुनाते-सुनाते जब कोई महुआ घटवारिन का ज़िक्र आता
वह रोने लगती
पर बड़े भाइयों से मुझे सख़्त हिदायत मिली थी
कि जब वह रोयें तो
उनकी आँखों की तरफ़ नहीं देखना
नहीं तो वह कहानी नहीं सुनाएँगी।
नानी के पास बहुत ज़्यादा क़िस्से नहीं थे
पर उन क़िस्सों को नानी से अच्छा
कोई नहीं सुना सकता था
मरने से पहले उनके सारे क़िस्से एक जैसे हो गये थे
मरने से पहले नानी
हमारी अम्मा को बहुत याद किया करती थी
नानी जब मरी, अम्मा कई दिनों तक रोती रही
कई दिनों तक उन्होंने कुछ नहीं खाया।
उस दफ़ा उस गाँव के छोर को
बहुत देर तक तकती रही
जहाँ नानी उन्हें छोड़ने आया करती थी।
अब भी अम्मा हर बार हम लोगों से बताती है
कि हमारी अम्मा अमुक किनारे तक मुझे छोड़ने आती थी
शायद इस लालच से कि थोड़ी देर और साथ रह लें।
जब नानी मरी उनकी जादुई सन्दूक से

कुछ ख़ास नहीं निकला
एक दो साड़ियाँ थीं
जिन्हें पहनकर वह इस घर में
अपने मायके से आयी थी
नाना का पहनाया मंगलसूत्र था
कंगन था सिन्दूरदानी थी
अम्मा की एक-दो चीज़ें थीं
जिन्हें विदाई के वक़्त अम्मा ने नानी से कहा था
हिफ़ाज़त से रखने को
नानी ने उन्हें बहुत हिफ़ाज़त से रखा था
जिन्हें अम्मा भी भूल गयी थी।
जाने वह क्या चीज़ थी जो नानी को उनकी अम्मा ने
अपनी सन्दूक से निकालकर दी
फिर नानी ने अम्मा को दी
अब मेरी अम्मा मेरी बहनों को देती है।

(2011)

लड़कियाँ

वे बारूद और बन्दूकों को नहीं चाहतीं
तितलियाँ, पंख, बारिश, फूल, गिटार,
को चाहती हैं
उनका दिल मोम, शहद और धातुओं
का बना होता है
वे प्रेम करती हैं
उनका दिल ख़ूबसूरत और बड़ा होता है
वे रिश्ते बुनती हैं
चीज़ों को करीने से रखती हैं
वे संवेदनाओं को रचती हैं
युद्ध में कोई पुरुष नहीं मरता
सिर्फ़ स्त्रियाँ मरती हैं।
कई दफ़ा
लाशों को नोचते कौए
उनकी आत्मा को खाते हैं
उनकी आँखें जब उदास होती हैं
धरती अपनी उर्वरता खोने लगती है
तितलियाँ बूढ़ी होने लगती हैं
रंग मनहूसियत ओढ़ लेते हैं

(2009)

अपूर्ण मृत्यु

मानुएल बांदेरा! मैं जब भी मरूँगा
पूर्ण मृत्यु नहीं
मृत्यु में अधूरापन लिए मरूँगा

मैं जीवित रहूँगा कुछ हद तक
लोगों की स्मृतियों में
मस्तिष्क में
त्वचा में
हृदयों में
धरती में
आसमान के सूनेपन में
आग में
पानी में
किसी गिलहरी की धारियों में
तितली के पंख में
किसी विरही चिरई के रुदन में

मैं जानता हूँ मृत्यु अपरिहार्य है
मैं ज़रूर मरूँगा
पर
पूरी तरह नहीं

एक दिन

मैं दूसरी दुनिया से ऊब जाऊँगा
और इन स्मृतियों, छायाओं
स्पर्शों के धागों को जोड़ते हुए
फिर लौट आऊँगा
उस अँधेरी दुनिया के द्वारपाल से
यह कहते हुए कि
देखो
मेरा घर वहाँ नीचे है
मेरे
अपने
मेरे इन्तज़ार में हैं

(2017)

प्रेम

पृथ्वी किसी शेषनाग के
फन पर नहीं टिकी
न ही लगाती है परिक्रमा
किसी तारे की।
प्रेम ही वह धुरी है
जिसके भीतर साँस ले रही हैं
ब्रह्माण्ड की असंख्य आकाशगंगाएँ
मेरी बछिया और उसकी बुढ़ाती माँ

क्वार्क, इलेक्ट्रान, प्रोटान
सारी धातुएँ
सारे सागर, हवाएँ, पत्तियाँ, पत्थर
बाँसुरी, शंख, वीणाएँ
मंसूर, लामा, धरती, कुकुरमुत्ते
सभी प्रेम में हैं।

एक दिन
हत्यारा समय
छीन लेगा
हम से
ईश्वर
गुड़िया, गुलाब के फूल
शतरंज की रानी

कलेजा, रोशनी, फेफड़े
सब कुछ
पर अन्ततः हर बार की तरह
हार जायेगा वह
मेरे प्रेम से।
अनगिनत हृदयों के प्रेम से।

सिर्फ़ प्रेम जीता है
अनन्त काल तक
कछुए की पीठ पर बैठकर।

(2015)

स्त्रियाँ और ग्रह

किसी भी ग्रह के पास
अपना हृदय नहीं होता
न होती हैं उनकी अपनी आत्माएँ

स्त्रियाँ रखती हैं
हृदय
और इनके हृदयों के
स्पन्दन से जीवित
रहता है कोई ग्रह!

(2016)

एम्पथी

जब कोई चिड़िया मरती है
तो पेड़ रोते हैं
सारी डालियाँ रोती हैं
सामूहिक रुदन।
जैसे
मेरी नानी के मरने पर
रोयी थी मेरी माँ।

(2010)

युद्ध में

दुनिया का कौन सा तर्क युद्ध में
मासूम बच्चों की
खुली रह गयी आँखों के सामने
ठहराया जा सकेगा सही?

अस्पतालों पर दागी गयी मिसाइलें
किन वसूल-रसूल-विचारधाराओं को
बचाने के लिए थीं?

आत्माओं पर लगे ख़ून के धब्बे
किन धर्मग्रन्थों में
डुबकी लगाने पर धुल जायेंगे!
मन्दिर-मस्जिद-चर्च तोड़ने वालों ने
कब आख़िरी बार
अपने देवताओं की आँखों में झाँका था?

हथियारों की नोक पर
टाँग दिये गये लोग
अपनी धरती से बेदख़ल
कर दिये गये लोग
राजा के लालच-भूख के
निवाले बना दिये गये लोग

जाएँ किन देवताओं के पास
लेने के लिए न्याय?

न्याय-सत्य-उजाला-करुणा-विवेक
नहीं होता नर्क में–युद्ध में–
होती है लकड़बग्घे की भूख
रेत की प्यास-नागासाकी का दुःख।

(2022)

बिरसा मुण्डा के लिए

अपनी माटी-हवा-पानी-लोगों से
तुमने जो मुहब्बत की
वह धरती तुम्हें यूँ ही भुला देगी?

हर आदमी जिसके दिल में
अपनी मिट्टी के लिए
थोड़ी सी भी मुहब्बत है
उसके दिल के किसी कोने में
जीवित रहोगे तुम
जीवित रहते हैं जैसे
पीपल-पोखर-कुओं-
बाग़-बग़ीचों में पुरखे

वाजिब हक़ में तनी
हर मुट्ठी की आवाज़ को
जल-जंगल-ज़मीन की लड़ाई को
तुम्हारे अमिट बलिदान ने सींचा है
तुम्हारे ख़ून ने
फ़िज़ाओं का रंग बदल दिया
तुम्हारे तीर की नोक
तानाशाहों की असीम प्यास
अनन्त भूख के दरमियाँ

अब भी अड़ी हुई है
गड़ी हुई है दिकुओं की
लालच भरी निगाहों में।

(2015)

बिटिया के नाम

(इरा के लिए)

(1)

मेरी बिटिया तुम्हारे ख़्वाबों को
शाहीन के पंख मिलें
नदी-सी बहो
आसमान का टूटा हुआ तारा
तुम्हें शुभ-सत्य-रोशनी सौंपे।

(2)

पर्वत-समुद्र-सूरज-फूल-धरती-जल
तुम्हें अपना आशीष दें
पूर्वजों की आत्माएँ
तुम्हारे जीवन के सप्तर्षि हों
तुम्हारी नानी की लोरियाँ
तुम्हारे पैरों को लय दें
बारिश के संगीत के साथ
तुम ख़ुद को बहने देना मेरी बच्ची।

(3)

पगडंडियाँ जीवन की
सीधी-सरल रेखाओं की तरह नहीं होतीं
न ही यहाँ तुम्हें न्याय की बहुत

उम्मीद रखनी चाहिए
जंगल के सारे ख़तरे
यहाँ भी तुमसे टकराते रहेंगे
तुम्हें ख़ुद को
इस्पात बनाना होगा मेरी बेटी
राह में काँटे ही काँटे मिलेंगे।

(4)

जब तुम्हें
किसी के सहारे की
सबसे ज़्यादा ज़रूरत रहेगी
उस वक़्त सम्भव है तुम ख़ुद को
बेहद अकेला पाओ
याद रखना मेरी बच्ची
यह सफ़र तुम्हारा है
रंगमंच तुम्हारा है
तुम्हें अपनी भूमिका
शिद्दत के साथ निभानी-जीनी है
मेरी माँ ने जो आशीष मुझे दिया था
वही मैं तुम्हें सौंपता हूँ–
'काँटों के बीच फूल की तरह खिलती रहो–
जो दुनिया तुम्हें मिली है इसे और बेहतर बनाना'
मेरी बच्ची!

(5)

ज्ञान की भूख तुम्हारी
हमेशा बनी रहे
सिर्फ़ एक तरीक़े से सोच पाना,
दूसरों को कमतर समझना
अलोकतान्त्रिक-असहिष्णु-अमानवीय है।
उदारता-संवेदनशीलता-करुणा को

अपने हृदय में स्थान देना
हर एक का जीवन, अनुभव
उतना ही क़ीमती है
जितना कि तुम्हारा।
याद रखना इस दुनिया में तुम्हारी लड़ाई
ख़ुद से ज़्यादा है, दूसरों के बनिस्बत
अपनी पूरी जीवन-यात्रा में
तुम्हें ख़ुद को ही पाना है मेरी बिटिया।

(6)

वीणा के तारों को अपनी
नन्ही उँगलियों का स्पर्श देना–
किसी बिल्ली के बच्चे की धारियों को।
तारों के मौन को
चन्द्रमा की रोशनी को
अपने हृदय तक आने देना
आने देना दुनिया के हर
अनुभव-तर्क-विचार को।
खिड़कियों से आने देना
हवा-रोशनी-गौरैया को।

(7)

उगते हुए सूरज को
तुम्हारी दादी जब तक जीवित रहीं
अर्घ्य देती रहीं
दादा हाथ जोड़ते रहे
उनके उगने से पहले तुम्हारे बड़े पिता
मुझे जगाते रहे हैं
नाना को तुम्हारी बाग़वानी बहुत पसन्द है
नानी को बनारस-इलाहाबाद

तुम्हारे ताऊ को पहाड़-बारिश-फलदार पेड़
बुआ को किताबें

हो सके जो तुम्हें ठीक लगे उसे
ख़ुद के जीवन में जगह देना मेरी बेटी।

(८)

हवाओं के रुख़ को समझना ज़रूर
मगर अँधेरे-अन्याय-असत के सामने
अपनी आत्मा को गिरवी
मत रखना मेरी बच्ची
मेरी प्रार्थना है कि ईश्वर
दुरूह-अगाह-अँधेरे वक़्त में
तुम्हारी हिम्मत-भरोसे-धैर्य को बनाये रखें
हालाँकि ईश्वर, हर बार तुम्हारे साथ नहीं होंगे
ख़ुद पर तुमको विश्वास बनाये रखना होगा
तुम्हें इनकी आदत
डालनी होगी मेरी बेटी।

(९)

इस दुनिया में ऐसे रहना
जैसे पहाड़ों पर बादल रहते हैं
सहज रहना इतना कि गिलहरी
तुम्हारे हाथों से भूँगफली ले जाये
तुम्हारे बालों पर तितली बैठ जाये
कि हिरण तुम्हें देख कर चौंके न
खरहा भाग न जाये,
गायें तुम्हारे स्नेह के लिए
तुम्हारी तरफ़ चलती आयें।
किसी के जीवन में ऐसे जाना

जैसे खिड़कियों से
सूरज की रोशनी आती है।

(10)

किताबों में लिखे गये अक्षर ब्रह्म हैं
जीवन से सीखे गये अनुभव
ब्रह्म से साक्षात्कार,
जो सोचोगे होते जाओगे
हमारे किसी पूर्वज ने
कही थी यह बात;
मैंने महसूस किया यह सच है
हाँ बिल्कुल सच
उतना ही सच जितनी कि मृत्यु
इसलिए कोशिश करना
लाख अँधेरा हो
तुम उजाले की तरफ़ देखना
हार सामने आकर खड़ी हो जाये
फिर भी तुम जीत के बारे में सोचना
याद रखना मेरी बच्ची
जीवन-संघर्ष है,
सुख है, दु:ख है, यात्रा है
सब तुम्हें
कुछ सिखाने के लिए आते हैं
इस जीवन की विविधता-सुन्दरता को
हर क्षण में महसूस करना
याद रखना–यह समय दुर्लभ है :
रेत की घड़ी पलट दी गयी है।

(11)

दुनिया के लिए रेत न होना तुम
जंगल होना, भगीरथ-दधीचि होना

भेड़ न होना तुम, न होना लोमड़ी
विवेक ताख पर रखने की चीज़ नहीं
न ही शिकार के लिए गड्ढा खोदने,
अँधेरे के लिए रेशे बुनने की कोई तरकीब
तुम्हें पता है मेरी बच्ची कस्तूरी कहाँ है!
दीये में रोशनी कैसे आती है?
आसमानी दुनिया की
परवाह करने वाले बहुत हैं
बन सको तो इस धरती के लिए
तुम थोड़ा सा ईश्वर होना।

(12)

विकल्पों की मौजूदगी
तुम्हें सामर्थ्यवान बनायेगी
लेकिन उनमें से क्या चुनती हो
यह तुम्हें बनायेगा;
कौआ-कौआ के साथ रहता है
भेड़ के साथ भेड़
भेड़िया भेड़िया के साथ
हंस के साथ हंस
सूअर के साथ सूअर
तुम क्या चुनोगी मेरी बेटी!

(13)

विकल्पों का अभाव
तुम्हें सम्भावनाओं से भरेगा
अपनी क्षमता-सीमाओं को
चुनौती देते रहना मेरी बेटी,
पानी अपना रास्ता
पीपल-बरगद अपने

उगने की जगह
खोज लेते हैं
धरती तुम्हारी है–
भुजाएँ तुम्हारे पास हैं
दिशाएँ अनन्त!

(14)

अनुभव से बड़ा गुरु कौन है?
प्रकृति से सुन्दर शिक्षक?
चिड़ियाँ-सूरज-समुन्दर-आसमाँ-चींटी
गुरु हैं–अपने गुरु के लिए श्रद्धा रखना
जिनका तुम सम्मान नहीं कर सकतीं
उनसे तुम कुछ सीख भी नहीं सकतीं
ज्ञान को सिर पर कभी लादना मत
याद रखना ब्रह्माण्ड असीम है–काल अनन्त।
कपास होना मेरी बेटी
होने को तुम ब्रह्माण्ड भी हो सकती हो
लेकिन इसके लिए तुम्हें कुछ नहीं होना होगा।

(15)

हीरा कैसे बनता है?
गहने कैसे गढ़े जाते हैं?
सूरज में रोशनी कैसे आती है?
पत्थर से मूर्तियाँ
कैसे निकाली जाती हैं?
शालिग्राम शालिग्राम क्यों है?

संघर्ष-दुःख तुम्हें बनायेंगे
त्याग तुम्हें देगा जीवन॥

(16)

अर्जुन को सिर्फ़
चिड़िया की आँख दिखी
मन के घोड़ों को
वश में करना कठिन है
कठिन है चिड़िया की आँख को
रोज़-ब-रोज़ उसी शिद्दत से देख पाना
उद्देश्य जीवन को सार्थक बनाता है
ताँगे के घोड़े की तरह
मत जीना मेरी बेटी जिसे सिर्फ़
सड़क दिखती है
सड़क दौड़ के लिए है जीने के लिए नहीं।
याद रखना जीवन दुर्लभ है
समय बहुत कम, जीना बहुत-बहुत ज़्यादा।

(17)

मृत्यु दुनिया का सबसे बड़ा सत्य है
इससे कभी डरना मत मेरी बेटी
यह भी तुम्हारी गुरु है
इसकी रोशनी में तुम जीवन को
ज़्यादा साफ़-सुथरा देख पाओगी।

कुछ भी यहाँ स्थायी नहीं
न ही राजाओं के किले
न रानियों के महल
सब कुछ रीत जाने के लिए है
पानी को मुट्ठी में बाँधना मूर्खता है
इसे पूरे जीवन करते रहना–
और बड़ी मूर्खता!

(18)

आसमान छुओ तुम मेरी बच्ची
नदियाँ तुम्हारा नाम जानें
पहाड़ क़दमों की आहट से पहचान लें
जंगल में गुलदार की तरह जाना
दुनिया में पहचानी जाना
हमनाम देवी की तरह–
धरती-पानी-हवा की तरह।

(19)

पहाड़ों के लिए चीड़
धरती के लिए चिड़िया-बाड़ी
तालों के लिए जल कुम्भी न होना तुम
हो सकना तो बाज-खेजड़ी-आयरीस होना

याद रखना मेरी बच्ची
तुम्हारी ख़ुशियाँ-पसन्द-इच्छाएँ
गेहूँ के लिए पाला–झोपड़ी के लिए आँधी–
न बनें–नुक़सान न पहुँचाएँ–
किसी किसान की फ़सल को
किसी चिड़िया के घोंसले को।

अपने पूर्वज बुद्ध की तरह
महायान की नाव की नाविक होना
अपने निर्वाण के निमित्त–
मात्र मत जीना मेरी बेटी

(20)

कहानी कभी ख़त्म नहीं होती
एक दिन मैं नहीं रहूँगा

न ही दुनिया में तुम्हें सबसे ज़्यादा
प्यार करने वाली तुम्हारी माँ,
लेकिन हम दोनों तुममें रहेंगे
वैसे ही जैसे मेरी माँ मुझमें है
तुम्हारी माँ के पिता उनमें;
तुम कभी ख़ुद को अकेला मत समझना
हम हर वक़्त तुम्हारे इर्द-गिर्द हैं–बने रहेंगे
हवा की तरह–उम्मीद की तरह ।

(21)

तुमसे अब एक आख़िरी ज़रूरी बात

अपनी माँ की आँखों का
बेहद लिहाज़ रखना मेरी बच्ची
हमेशा ख़याल रखना
तुम्हारे होने के बाद,
वह कभी पूरी नींद नहीं सोयी
तुम्हारी नींद सोयी-तुम्हारी नींद जागी है
सपने भी उसे बस तुम्हारे आते हैं
वह एकमात्र हृदय है जो
मात्र तुम्हारे लिए धड़कता है
मेरी बेटी तुम्हारी माँ
अपनी माँ की बेटी है
तुम भी किसी रोज़ माँ होगी
ईश्वर इस तरीक़े से
जीवित रहेंगे तुम्हारे भीतर
धरती नहीं होगी मरहूम अपने ईश्वर से।

(2024)

□□